존경하고 사랑하는 복음의 동역자
이희돈 형제님 내외분 께로
   엡 3:20-21
4-8-06
주님 안에서 김만풍드림

자화상 고치기

자화상 고치기

2005년 4월 15일 · 제1판 1쇄 발행

지은이 · 김만풍
펴낸이 · 이상대
펴낸데 · 요단출판사

158-053 서울특별시 양천구 목3동 605-4
편집 · (02)2643-9155~6
영업 · (02)2643-7290~1
　　　FAX (02)2643-4383
등록 · 1973. 8. 23. 제13-10호
ⓒ 김만풍 2005

편집팀장: 송수자
편집: 김민정 류정선 박신영
디자인: 디자인집　**제작**: 박태훈 이혜진

정가 10,000원
ISBN 89-350-0893-1 03230

이 책의 저작권은 저자가 소유하고 있습니다.
저자와 출판사의 사전 승인 없이 책의 내용이나 표지 등을 복제, 인용할 수 없습니다.

www.jordanbook.com

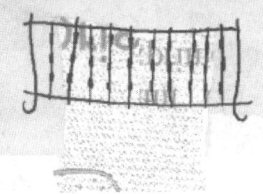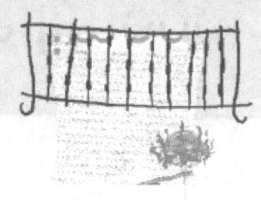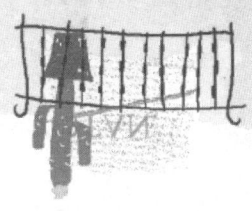

건강하고 행복한 인생 만들기

자화상 고치기

김만풍 지음

요단

추천의 글

    자화상 혹은 자아상은 자기 존재를 인식하는 창입니다. 이 창에 비친 자신의 얼굴에 따라 인생을 사는 태도가 결정됩니다. 저는 개인적으로 구원 얻는 믿음 다음으로 중요한 것이 이 문제라고 생각합니다. 인생을 사는 이웃들 가운데 불행을 안고 사는 결정적인 원인도 여기에 있습니다. 열등의식과 정죄의식은 인생의 좌절과 원망의 뿌리라고 할 만합니다.

    김만풍 목사님은 목회 심리학을 전공한 신학자요, 목회자이십니다. 그는 오랫동안 이 문제를 숙고하고 탐구해 오셨으며, 자화상을 주제로 글을 쓰고 설교해 오셨습니다. 그리고 적지 않은 성도들과 이 메시지의 축복을 함께 나누어 온 바 있습니다. 이제 이 축복을 목회의 장을 넘어 여러 성도들과 함께 나누게 된 것을 기뻐합니다.

자화상의 문제를 이 책만큼이나 꼼꼼히 챙겨 다룬 책도 흔치 않습니다. 이 책은 우리 자화상에 감추인 부정의 뿌리를 심리적으로 진단합니다. 그리고 건강한 자화상에 대한 처방을 성경적으로 제시합니다. 열등감의 어두운 밤을 고통스럽게 지나고 있는 모든 이웃들에게 이 책은 새벽의 힘찬 기상을 가능하게 하는 행복한 선물이 될 것입니다.

이 책을 손에 잡는 성도들에게는 밝은 자화상의 언약을 붙들게 하고, 믿지 않는 이웃들에게는 우리의 병든 자아를 다시 빚으시는 주님을 만나게 하며, 동역자들에게는 치유 메시지의 한 패턴을 공유하는 즐거움을 나누게 할 것입니다.

함께 치유의 동역자가 된 이동원 목사

서문

　이 책은 자화상에 관한 것입니다. 나는 자화상이 무엇인지, 건강한 자화상과 병든 자화상이 우리의 생각과 정서와 행동에 각각 어떤 영향을 미치는지 알아보고 싶었습니다. 또한 나 자신의 자화상은 어떤지 진단해 보기 원했습니다. 그래서 내 안의 건강한 자화상은 더욱 활성화시키고 싶었습니다. 건강한 자화상은 가정생활과 교회생활과 사회생활의 건강과 행복을 추구하는 원동력이 되는 것을 경험과 관찰을 통해서 깨달았기 때문입니다.

　한편 나의 자화상 안에 병든 부분이 있다면 고치고 싶었습니다. 그래서 고칠 수 있는 방법과 길을 알고자 했습니다. 나 자신이 때때로 불합리한 생각과 말과 행동을 하는 경우가 있다는 것을 어려서부터 알고 있었기 때문입니다. 어떤 경우에는 그것이 나 자신과 이웃에게 미치는 영향이 심상치 않았고, 그것은 그냥 넘어갈 문제가 아니라는 인식을 갖게 되었습니다. 지금 이 글을 읽는 여러분도 자신에 대해서 비슷한 생각을 하고 있을지 모르겠습니다.

어느 날부터 이것이 나만의 문제인지 아니면 다른 사람들의 문제이기도 한지 궁금해졌습니다. 그래서 이 분야의 전문적인 공부를 하면서 많은 사람들을 관찰해 보았습니다. 사례연구는 큰 자극과 도전이 되었습니다. 또한 내담자들과의 직접적인 상담은 실제적인 깨달음을 더해 주었습니다.

그 결과, 건강치 못한 자화상으로 말미암아 생기는 문제들의 양상이 각 사람마다 다르고 정도에 차이를 보인다는 것을 깨달았습니다. 그리고 나만의 문제가 아니라 내가 만난 사람들 거의 전부의 문제라는 확신을 갖기에 이르렀습니다.

자화상이 병든 사람들 가운데 낙심, 좌절, 절망, 죄책감, 수치심 등으로 우울증에 빠져 고통스러워하는 이들이 있었습니다. 어떤 경우에는 자살을 생각하거나 시도하기도 했습니다. 가정폭력으로 발전하여 자기 자신과 가족들에게 심각한 피해를 입히는 경우도 있었습니다. 정치, 경제, 사회, 문화, 종교, 국제관계 등에 영향을 미치는 지도자들의 자화상이 병들어 있는 경우에는 그 지위에 연결된 권력에 따라서 두려운 결과를 초래하는 것을 파악할 수 있었습니다.

그대로 방치한다면 건강한 자화상을 병들게 만들고, 병든 자화상을 더욱 악화시키며, 회복이 어렵게 만드는 수많은 원인들 가운데는 우월의식, 열등의식, 비교의식, 체면의식, 정죄의식, 시기심, 질투심, 비판의식, 명예탐욕, 호언장담, 패배의식, 교만 등이 포함되어 있었습니다. 이러한 원인들은 마치 우리 몸을 병들게 하는 생체 바이러스와도 같았고, 컴퓨터의 기능을 치명적으로 망가뜨려 놓는 프로그램 바이러스와도 같았습니다.

일상적인 삶과 인간관계에 장애가 될 정도로 병든 사고방식과 정서생활과 행동양식을 고치려는 시도는 영적, 정신적, 심리적, 정서적, 신체적, 사회적 분야에서 다각도로 접근할 수 있었습니다. 어느 특정한 접근 방법이 모든 사람에게 다 일괄적으로 적용되거나 동일한 정도의 효과를 내는 것은 아니었습니다. 그런데 자화상의 관점에서 접근하는 것이 효과적인 치유방법 중 하나라는 것을 발견했습니다.

나는 병든 자화상을 고치고 건강한 자화상을 회복하여 유지하는 길과 방법을 사람들과 함께 나누고 싶었습니다. 이를 위해 가능한 방법이란 개인상담, 그룹상담, 상담설교, 클래스 강의, 세미나, 소그룹토의, 셀교회 활동, 전화상담, 멀티미디어 자료, 책자 등을 포함합니다. 이 책은 바로 그 중에 한 방법이 될 것입니다.

이 책은 다목적으로 제작되었습니다. 개인적으로 읽는다면 자신의 자화상을 진단하고 건강한 부분을 유지하며 병든 부분을 치유하는 데 도움이 될 것입니다. 또한 이웃의 자화상 치유를 도와주는 데 필요한 지식과 지혜를 얻게 될 것입니다.

설교자가 참고한다면 예배회중 전체를 대상으로 새롭고 신선한 시도를 통해서 일시에 많은 개인들을 격려하고 예수 그리스도의 이름으로 성령을 의지하여 하나님 아버지의 치유를 받도록 하는 데 도움이 되리라고 믿습니다. 이것은 실제 예배시간에 한 설교 원고들로서 그러한 치유를 받은 이들의 간증을 들을 수 있었습니다. 각 편의 설교마다 귀납법적인 도입을 위해 적절한 예화로 시작했으며, 설교자와 회중이 호흡을 같이하여 생생하고 직접적인 적용을 하도록 했습니다.

이것은 주제를 중심으로 한 주제 설교요, 주제의 특성상 상담 설교요, 기능상 치유 설교입니다. 성경 본문을 중심으로 한 점에서는 본문 설교요, 대지를 나눈 점에서 대지 설교요, 본문을 강해한 점에서 강해 설교입니다. 한 개념을 다각도로 들여다본 점에서 보석 설교요, 주제를 점진적으로 발전시킨 점에서는 사다리식 혹은 망원경식 설교요, 질문들을 사용해서 수시로 회중의 반응을 이끌어낸 점에서 질문 설교요, 예화들을 사용한 점에서 예화 설교입니다. 주제에 따라서는 번호를 붙여서 개요로 제시한 점에서 개요식 설교요, 강의 형태를 취한 부분에서는 강의식 설교라고 할 수 있습니다. 그래서 설교시간에 조는 분들이 거의 없었던 것을 기억합니다. 다양한 설교의 장르와 전달방법을 개발하기를 원하는 설교자들에게 조금이나마 도움이 되기를 바라는 마음입니다.

클래스에서 강의교재로 사용하여 흥미 있게 진행할 수 있을 뿐만 아니라, 소그룹이나, 셀그룹에서 사용할 수 있도록 각장 끝에 개인복습과 그룹토의 및 적용을 위한 질문들을 제시해 두었습니다.

설교나 강의를 듣고 나서 인용된 내용 혹은 제시된 내용의 출처를 묻고 자료를 요청하는 이들이 있었습니다. 그들을 위해서 각주와 참고도서 목록을 첨부해 두었습니다. 특히 예화의 경우에는 항간에 수많은 버전들이 나돌고 있고, 정확하지 못한 것으로 추정되는 부분들이 있어 그 출처를 철저히 밝혀두었습니다. 번역을 할 경우에 문화나 언어의 문제로 직역이 어려울 경우에는 의역을 한 여부를 각주에 언급했습니다. 내용을 발췌하거나 재편집했을 경우에도 그리하였습니다.

이 책을 내는 데 많은 분들에게 사랑의 빚을 졌습니다. 학교 교수님들, 수많은 저자들, 남서울 은혜교회 홍정길 목사님과 성도들, 남서울교회 성도들, 하트포드 제일한인장로교회 성도들, 합동신학교 교수님들과 제자들, 서든침례신학교 교수님들과 동기들, 그리고 보이스칼리지 제자들에게 감사드립니다. 설교와 강의를 직접 듣고 기도와 사랑의 격려로 큰 힘이 되어주신 워싱턴지구촌교회 사역자들과 실행위원들과 성도들, 그리고 변함없는 관심과 사랑으로 이끌어 주신 한국 수지/분당 지구촌교회 이동원 목사님과 성도들에게 감사드립니다. 여러 면에서 부족한 점이 있었을 터임에도 불구하고 이 책의 출판을 흔쾌히 허락해 주신 요단출판사 가족 여러분께 특별히 감사드립니다.

병든 자화상을 고치고 건강한 자화상을 회복하여 유지하는 일은 설교자나 상담자 혹은 강사나 인도자가 하는 것이 아닙니다. 예수 그리스도의 이름으로 성령의 도우심을 의지해서 하나님 아버지께 기도함으로써 응답을 받아 이루어지는 것임을 확신합니다. 우리는 다만 주님의 도구로 쓰임을 받는 것과 주님의 은혜와 능력으로 치유 받는 이들로 더불어 기쁨을 함께 나누는 것을 행복으로 삼은 주님의 일꾼들이라고 믿습니다.

이 책이 나올 수 있도록 인도해 주신 주님께 영광을 돌립니다. 주님께서 그의 도우심을 구하는 사람들의 병든 자화상을 치유하시고 건강하게 회복시키시고 유지시키시는 데 이 책을 사용해 주시기를 간구합니다. 이 책이 출간되어 나온 기쁨을 사랑하는 아내와 함께 독자 여러분과 나누고 싶습니다.

워싱턴 하늘 아래에서
김만풍

차 례

추천의 글　○ 5

서문　○ 7

1. 하나님의 **형상**과 자화상　　| 창세기 1:26~31 • 17
2. **건강한** 자화상　　| 창세기 50:15~21 • 33
3. **우월**의식과 자화상　　| 사무엘상 1:1~6 • 53
4. **열등**의식과 자화상　　| 사무엘상 1:17~18 • 75
5. **비교**의식과 자화상　　| 사무엘상 18:6~16 • 93
6. **체면**의식과 자화상　　| 사무엘상 15:10~31 • 107
7. **정죄**의식과 자화상　　| 시편 32:1~11 • 131
8. **시기심**과 자화상　　| 사도행전 13:44~52 • 153
9. **질투심**과 자화상　　| 사무엘상 18:6~16 • 167

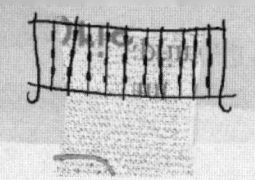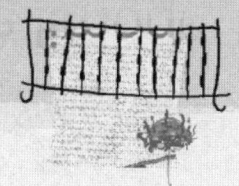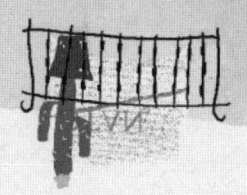

10. 비판의식과 자화상　　　| 마태복음 7:1~5　•　183

11. 명예탐욕과 자화상　　　| 사도행전 5:1~11　•　199

12. 호언장담과 자화상　　　| 누가복음 22:31~34　•　215

13. 패배의식과 자화상　　　| 민수기 13:30~14:10　•　229

14. 교만과 자화상　　　　　| 누가복음 18:9~12　•　249

15. 겸손과 자화상　　　　　| 누가복음 18:13~14　•　265

16. 건강한 자화상 회복과 유지　| 요한복음 21:15~23　•　287

참고도서　○　312

1. 하나님의 형상과 자화상

²⁶·하나님이 이르시되 우리의 형상을 따라 우리의 모양대로 우리가 사람을 만들고 그들로 바다의 물고기와 하늘의 새와 가축과 온 땅과 땅에 기는 모든 것을 다스리게 하자 하시고 ²⁷·하나님이 자기 형상 곧 하나님의 형상대로 사람을 창조하시되 남자와 여자를 창조하시고 ²⁸·하나님이 그들에게 복을 주시며 하나님이 그들에게 이르시되 생육하고 번성하여 땅에 충만하라, 땅을 정복하라, 바다의 물고기와 하늘의 새와 땅에 움직이는 모든 생물을 다스리라 하시니라 ²⁹·하나님이 이르시되 내가 온 지면의 씨 맺는 모든 채소와 씨 가진 열매 맺는 모든 나무를 너희에게 주노니 너희의 먹을 거리가 되리라 ³⁰·또 땅의 모든 짐승과 하늘의 모든 새와 생명이 있어 땅에 기는 모든 것에게는 내가 모든 푸른 풀을 먹을 거리로 주노라 하시니 그대로 되니라 ³¹·하나님이 지으신 그 모든 것을 보시니 보시기에 심히 좋았더라 저녁이 되고 아침이 되니 이는 여섯째 날이니라

○ 창세기 1:26~31

1. 여는 글

폴 리 텐(Paul Lee Tan)이 수집한 자료에 의하면 일반 성인의 체내에서 하루 24시간 동안에 심장이 103,689번 뛰고, 혈액이 혈관을 따라 순환하는 거리가 168,000,000마일에 달하며, 23,040번 숨을 쉬고, 438입방피트 공기를 흡입하며, 3 1/4파운드 음식을 먹고, 2.9쿼트 음료를 마시며, 8/7파운드 배설을 하고, 4,800단어 말을 하며, 750개 근육을 사용하고, 0.000046인치 손톱이 자라며, 0.01714인치 머리카락이 자라고, 7,000,000개 뇌세포가 사용된다고 했습니다.^{주)} 우리가 잊고 살아가는 이러한 사실들을 곰곰이 생각해 보면 우리의 몸이 얼마나 "신묘막측하게"(wonderfully fearfully) 설계되었는지 알 수 있습니다.

주) Paul Lee Tan, #3283 "Your Working Day" in *Encyclopedia of 7700 Illustrations : Signs of the Times*, seventh printing, Rockville, Maryland: Assurance Publishers, 1984, p. 775에서 발췌 번역하여 편집해서 인용.

창세기 1:26~27은 하나님께서 그의 형상대로 인간을 창조하셨다고 말씀합니다.

"하나님이 이르시되 우리의 형상을 따라 우리의 모양대로 우리가 사람을 만들고 그들로 바다의 물고기와 하늘의 새와 가축과 온 땅과 땅에 기는 모든 것을 다스리게 하자 하시고 하나님이 자기 형상 곧 하나님의 형상대로 사람을 창조하시되 남자와 여자를 창조하시고."

여기서 하나님께서 사람을 그의 형상을 따라 만드셨다는 말씀에 관심이 갑니다. "하나님의 형상"이 무엇을 의미할까요?

2. 본래의 하나님 형상

창세기 1:26을 다시 보면 하나님께서 "우리의 형상을 따라 우리의 모양대로 우리가 사람을 만들자"라고 하신 말씀이 나옵니다. 여기서 "형상"이라는 말과 "모양"이라는 말의 의미에 대해서는 많은 학자들이 다양한 의견을 제시해 왔는데 "같은 내용을 서로 다르게 표현한 것"이라는 해석이 설득력이 있습니다. 그렇다면 하나님의 형상이란 우리 인간의 신체적인 특징을 가리키는 것일까요? 만일 그렇다면 하나님이 우리 인간처럼 육체를 갖고 계신다는 말이 되기 때문에 그 답은 "아니오"가 될 것입니다.

복음주의 신학자들은 하나님의 형상을 인간의 육체적 특성으로 해석하지 않고, 하나님의 본질적 특성으로 해석해 왔습니다. 하나님께서 인간을 하나님의 형상대로 지으셨다는 말씀은 이렇게 이해됩니다.

첫째로, 영이신 하나님께서 인간을 영혼을 가진 존재로 창조하셨습니다.

하나님은 영원부터 영원까지 존재하는 영이십니다. 하나님은 인간의 영혼을 영원히 불멸하는 존재로 지어주셨습니다. 영원성에 있어서 하나님과 인간의 차이는 하나님은 시작이 없는 창조주이시고, 인간은 시작이 있는 피조물이라는 점입니다. 인간이 하나님과 닮은 점은 영혼이 불멸한다는 것입니다.

둘째로, 인격이신 하나님께서 인간을 인격을 가진 존재로 창조하셨습니다.

하나님은 지성과 감성과 의지를 가진 인격적 존재이십니다. 하나님은 인간을 지성과 감성과 의지를 가진 인격적 존재로 창조하셨습니다. 하나님은 인격적 교제를 나누기 원하셔서 인간을 그의 형상을 닮은 인격체로 지으셨습니다. 인간은 기계적인 존재가 아닙니다. 본능에 따라서만 움직이는 동물과는 다릅니다. 자의적인 선택의 자유를 누릴 수 있는 존재입니다. 인간은 강요되지 않는 자발적 사랑을 나눌 수 있는 존재입니다.

셋째로, 도덕적 존재이신 하나님께서 인간을 도덕적 존재로 창조하셨습니다.

하나님은 도덕적으로 선하고 공평하며 의롭고 거룩하며 자비롭고 사랑하는 분이십니다. 하나님은 인간이 하나님을 닮아 선하고 공평하며 의롭고 거룩하며 자비롭고 사랑하는 삶을 살도록 그의 형상을 따라 도덕적 존재로 지으셨습니다. 따라서 인간은 도덕적 책임을 지게 되어 있습니다. 인간은 하나님의 뜻을 거역하고 불순종하는 죄가 성립되고 그 죄에 대한 책임을 져야 하는 존재입니다.

넷째로, 이성을 가지신 하나님께서 인간을 이성을 가진 존재로 창조하셨습니다.

하나님은 지식과 지혜에 근거하여 정확한 생각을 하고 정당하고 의로운 판단을 내리는 이성적 존재이십니다. 하나님은 인간이 하나님의 뜻을 분별하여 정확하게 수행하도록 하나님의 형상을 따라 이성적인 존재로 지으셨습니다.

다섯째로, 주권을 가지신 하나님께서 인간을 주권을 가진 존재로 창조하셨습니다.

  하나님은 주권을 가지고 만물을 다스리는 분이십니다. 하나님은 그가 위임하시는 주권을 가지고 그가 맡겨주신 땅과 생물들을 다스리도록 하기 위해서 인간을 주권을 가진 존재로 지으셨습니다. 주권에 있어서 하나님과 인간의 차이는, 하나님은 절대주권을 갖고 계시고 인간은 하나님께서 위임해 주시는 범주 내에서만 그의 뜻대로 행사할 수 있는 제한적인 주권을 갖고 있다는 데 있습니다. 창 1:28에 말씀하기를 "하나님이 그들에게 복을 주시며 하나님이 그들에게 이르시되 생육하고 번성하여 땅에 충만하라, 땅을 정복하라, 바다의 물고기와 하늘의 새와 땅에 움직이는 모든 생물을 다스리라 하시니라"고 했습니다.

  이와 같이 하나님께서는 하나님의 형상을 따라 인간을 영혼을 가진 존재로, 인격을 가진 존재로, 도덕적 존재로, 이성을 가진 존재로, 주권을 가진 존재로 창조하셨습니다. 그 목적은 인간과 더불어 순수하고 아름다운 사랑의 고차원적 교제를 나누시기 위함이었습니다.

  인간에게 그의 영광을 누리게 하시고 인간이 그 은혜를 감사하는 마음으로 자원하여 하나님께 영광을 돌리며 하나님을 영원토록 즐기도록 하시기 위함이었습니다. 그리하여 인간이 진정한 행복을 완전하게 영원히 누리도록 하시기 위함이었습니다.

하나님께서는 창세기 1:28에서 인간에게 땅을 정복하고 모든 생물을 다스리는 일을 사명으로 주셨습니다. 1:29에서는 채소와 과일들을 먹을거리로 주셨습니다. 1:31에 의하면 하나님께서 지으신 모든 것을 보시고 심히 좋아하셨습니다.

3. 죄의 영향 아래 처한 하나님의 형상

하나님께서 지으신 최초의 인간인 아담과 하와는 처음에 하나님과 사랑의 교제를 즐겼습니다. 그러나 창세기 3장에서 아담과 하와는 사탄의 유혹으로 하나님이 금지하신 나무의 실과를 따먹음으로써 하나님께 거역하여 죄를 짓고 형벌을 받게 되었습니다. 죄에 대한 형벌은 하나님과 교제가 단절되고, 고난을 받으며 살다가, 육체의 죽음을 당하고, 영원한 지옥에 가서 고통을 당하는 운명에 처하는 것이었습니다. 아담과 하와만 아니라 그의 모든 자손들이 같은 운명에 처했습니다.

이와 같이 인간이 타락하여 죄의 영향 아래 놓여진 후에는 처음 창조 때 받은 하나님의 형상도 죄의 영향 아래 놓이게 되었습니다.

육체 안에서 영생을 누릴 수 있던 특권을 잃고 영혼과 육체가 분리되는 죽음을 당하게 되었습니다.

그래서 인격에 죄의 영향이 미쳤습니다. 죄의 영향이 지성에 미쳐서 하나님을 아는 지식이 어두워지고, 죄의 영향이 감성에 미쳐서 기쁨과 행복과 평안과 만족이 슬픔과 분노와 좌절과 불만과 불행의 그림자가 드리워지고, 죄의 영향이 의지에 미쳐서 하나님의 뜻에 순종하던 태도가 거역하고 반항하는 태도로 변하게 되었습니다.

죄의 영향이 도덕적 가치관에 미쳐서 본래 선과 공평과 의와 거룩과 자비와 사랑을 추구하던 하나님의 길을 버리고 악과 불공평과 불의와 속된 것과 무자비와 미움과 살인의 길로 행하게 되었습니다.

죄의 영향이 이성에 미쳐서 지식이 혼돈되고 지혜가 어두워져서 하나님의 뜻을 분별하지 못하고 각기 제 길로 행하여 거짓과 속임수와 오해와 무지에 빠지게 되었습니다.

죄의 영향이 주권에도 미쳐서 유한한 인간이 무한하신 하나님의 절대주권에 도전하고 권력을 남용하며 오용하여 가족과 사회와 나라를 혼란과 분열과 다툼과 전쟁과 재난과 질병에 휘말려들게 했습니다.

인간이 본래 가졌던 하나님의 형상이 죄의 영향을 받은 결과 이와 같이 변질되고 말았습니다. 로마서 3:10~18은 이렇게 지적하고 있습니다.

"기록된 바 의인은 없나니 하나도 없으며 깨닫는 자도 없고 하나님을 찾는 자도 없고 다 치우쳐 함께 무익하게 되고 선을 행하는 자는 없나니 하나도 없도다 그들의 목구멍은 열린 무덤이요 그 혀로는 속임을 일삼으며 그 입술에는 독사의 독이 있고 그 입에는 저주와 악독이 가득하고 그 발은 피 흘리는 데 빠른지라 파멸과 고생이 그 길에 있어 평강의 길을 알지 못하였고 그들의 눈 앞에 하나님을 두려워함이 없느니라 함과 같으니라."

이처럼 죄로 인하여 하나님의 형상이 변질된 인간은 자화상도 변질되었습니다. 자화상이 비뚤어진 사람은 생각과 말과 감정과 행동도 비뚤어집니다. 자화상이 병든 사람은 삶도 병들게 됩니다. 그럼 자화상이 무엇입니까?

4. 죄의 영향으로 변질된 자화상

자화상(自畵像, self-portrait)은 "마음속에 그려놓은 자신의 모습"을 말합니다. 태국의 치앙 마이(Chiang Mai, Thailand)에 가면 초상화를 그리는 산족들이 있습니다. 인물 사진을 놓고 연필로 그리는데 정말 눈동자며 얼굴표정이며 입술의 윤곽을 살아 있는 인물처럼 그립니다. 실물을 앞에 세워 놓고 그려도 참으로 정확하게 그려냅니다. 거울을 앞에 놓고 자기 자신의 얼굴을 그려도 마찬가지입니다. 이런 그림은 사진을 찍어 놓은 것처럼 보입니다.

중학교 시절이었습니다. 데생(dessin, 프랑스 말로서 연필로 그림을 그리는 미술의 한 분야) 시간에 각자 자기 초상화를 그리게 되었습니다. 제법 잘 그려서 선생님께 칭찬을 받은 학생들이 있었던 반면 자기 얼굴인지 남의 얼굴인지 분간이 안 되는 그림을 그려서 우스갯거리가 된 학생들도 있었습니다.

마찬가지로, 세상에 사는 모든 사람들이 각기 자기 마음에 자신의 모습을 그려 놓고 그 자화상에 맞춰 생각하고 말하고 느끼고 행동하며 살아가고 있습니다. 자기 마음속에 그려 놓은 자화상이 자기의 실제 모습과 일치될수록 건강한 생각과 말과 느낌과 행동을 할 수 있습니다.

그러나 그 자화상이 실제 모습과 차이가 날수록 병든 생각과 말과 느낌과 행동을 하게 됩니다. 그러므로 죄의 영향으로 변질된 자화상은 병든 자화상이라고 진단할 수 있습니다.

5. 병든 자화상의 증상들

그렇다면 자화상이 건강치 못한 사람에게서 나타나는 증상들은 무엇일까요? 병든 자화상의 증상들로는 우월의식, 열등의식, 비교의식, 체면의식, 정죄의식, 질투심, 시기심, 비판의식, 명예탐욕, 호언장담, 패배의식, 교만 등이 있습니다. 우리의 자화상이 이러한 증상들로부터 자유로워질 때 우리는 하나님과의 관계와 이웃들과의 관계에서 건강한 성장과 변화를 추구하여 믿음, 소망, 사랑 안에 행복을 누릴 수 있습니다.

우리 주변에서는 자화상이 건강치 못한 사람, 약간 병든 사람, 아주 중병에 걸린 사람들이 눈에 띱니다. 물론 완전한 사람이 없고 사람마다 정도의 차이는 있습니다만 하나님과의 관계, 가족과의 관계, 이웃들과의 관계에서 만나는 문제와 갈등과 위기들을 지나치게 심각하게 느끼고 불안증세를 보이며 신경질적인 반응을 보이고 그로 인해 일상생활에 지장을 받는 경우에는 치유가 필요하다고 봅니다.

6. 병든 자화상의 치유

이제 우리의 관심은 병든 자화상을 어떻게 치유할 것인가에 있습니다. 병든 자화상은 하나님의 형상이 회복될 때 치유될 수 있습니다. 하나님의 형상은 죄 때문에 망가졌습니다. 죄 때문에 손상을 입은 하나님의 형상은 죄 문제를 해결해야 회복될 수 있습니다.

죄 문제는 우리 스스로 해결할 수 없습니다. 예수 그리스도께서만 그의 십자가의 대속적인 은혜로 해결하실 수 있습니다. 복음을 받아들이십시오. 예수를 믿으십시오. 죄로부터 구원을 받으십시오. 성령의 도우심을 받으십시오. 성령의 은혜로 그리스도 안에서 새로운 피조물이 되십시오. 성경 말씀의 거울에 비추어 자신의 모습을 정확히 보십시오. 그리고 자신이 마음속에 그려 놓은 자화상을 말씀 앞에 비추어진 자신의 실제 모습과 비교해 보십시오. 왜곡된 부분을 가려내십시오. 그리고 말씀에 의지하여 고치십시오. 주님께 맡기십시오.

7. 닫는 글

다음 장에서 건강한 자화상의 특징을 살펴보겠습니다. 그 후 열두 장에 걸쳐서 우월의식, 열등의식, 비교의식, 체면의식, 정죄의식, 질투심, 시기심, 비판의식, 명예탐욕, 호언장담, 패배의식, 교만 등의 증상들을 하나하나 검진하여 자화상을 교정하고 치유 받는 시간을 갖겠습니다. 마지막으로 겸손과 자화상의 관계와 건강한 자화상을 회복하고 유지하는 방법을 알아보겠습니다.

치유는 주님이 하십니다. 주님의 치유의 은혜가 우리 모두에게 넘치기를 축복하며 기도합니다. 건강하신 분들은 더욱 건강하게 주님께서 붙들어 주시기를 간구합니다. 그리고 더 나아가서 주님의 이름으로 연약하고 병든 분들을 주님 안에 있는 치유의 길로 인도하시기를 도전합니다. 성령께서 도와주실 것입니다. 하나님 아버지께서 기뻐하실 것입니다.

하나님의 형상과 나의 자화상

말씀으로 검진하여 은혜로 치유 받읍시다!

개인복습과 그룹토의 및 적용을 위한 질문들

1. 하나님께서 인간을 하나님의 형상대로 지으셨다는 말씀을 어떻게 이해했습니까?

   _____
   _____
   _____

2. 죄의 영향이 우리 안에 있는 하나님의 형상에 어떤 영향을 미쳤습니까?

   _____
   _____
   _____

3. "자화상"(自畵像, self-portrait)을 정의해 보십시오.

   _____
   _____

4. 죄의 영향으로 당신의 자화상이 어떻게 변질되었습니까?

_____

_____

5. 자화상이 건강치 못한 사람들에게서 나타나는 증상들은 무엇입니까?

_____

_____

6. 병든 자화상은 어떻게 치유할 수 있습니까?

_____

_____

7. 당신의 자화상에 관하여 새롭게 깨달은 바를 어떻게 적용하겠습니까?

_____

_____

2. 건강한 자화상

¹⁵·요셉의 형제들이 그들의 아버지가 죽었음을 보고 말하되 요셉이 혹시 우리를 미워하여 우리가 그에게 행한 모든 악을 다 갚지나 아니할까 하고 ¹⁶·요셉에게 말을 전하여 이르되 당신의 아버지가 돌아가시기 전에 명령하여 이르시기를 ¹⁷·너희는 이같이 요셉에게 이르라 네 형들이 네게 악을 행하였을지라도 이제 바라건대 그들의 허물과 죄를 용서하라 하셨나니 당신 아버지의 하나님의 종들인 우리 죄를 이제 용서하소서 하매 요셉이 그들이 그에게 하는 말을 들을 때에 울었더라 ¹⁸·그의 형들이 또 친히 와서 요셉의 앞에 엎드려 이르되 우리는 당신의 종들이니이다 ¹⁹·요셉이 그들에게 이르되 두려워하지 마소서 내가 하나님을 대신하리이까 ²⁰·당신들은 나를 해하려 하였으나 하나님은 그것을 선으로 바꾸사 오늘과 같이 많은 백성의 생명을 구원하게 하시려 하셨나니 ²¹·당신들은 두려워하지 마소서 내가 당신들과 당신들의 자녀를 기르리이다 하고 그들을 간곡한 말로 위로하였더라

○ 창세기 50:15~21

1 여는 글

어떤 사람이 새 차를 몰고 오더니 넓은 주차장에 세워진 헌 차 한 대를 향해 돌진하여 옆구리를 "쿵!" 하고 받았습니다. 사람들이 모여들었습니다. 그 사람은 후진했다가 다시 헌 차의 뒤쪽을 향해 돌진해 가서 "쿵!" 하고 받았습니다. 사방을 돌면서 헌 차를 들이받는 것을 본 구경꾼 하나가 경찰을 불렀습니다. 사연을 알고 보니 그 헌 차의 주인이 바로 새 차를 타고 있는 사람이었습니다. 그 헌 차가 얼마나 말썽을 많이 부렸던지 새 차를 사자마자 자기 헌 차에게 달려와서 분풀이를 한 것이었습니다.

그 헌 차가 시동이 잘 안 걸리고, 길 가다 서고, 브레이크가 잘 듣지 않고, 수리비가 많이 들어 그 동안 얼마나 속이 상했는지 모른다는 것입니다. "남들은 중고차를 사도 고장 한번 안 나고 잘만 다니는데 나는 왜 이런 차를 만나 요 모양, 요 꼴이냐!"는 생각이 들 때마다 얼마나 화가 났는지 참을 수가 없었다는 것입니다. 새 차를 사고 싶어도 돈이 허락지 않아 얼마나 안타까웠는지, 가난하게 사는 자신의 모습이 스스로 초라해 보여서 얼마나 심정이 뒤틀렸는지 모른다고 했습니다.

독하게 마음을 먹고 돈을 모은 그는 드디어 새 차를 샀습니다. 헌 차를 처분할 생각도 했으나 지금까지 자기를 괴롭혀 온 그 헌 차를 그냥 보낼 수 없다고 생각했습니다. 한 번 혼내줘야겠다고 생각했습니다. 그래서 넓은 쇼핑몰 주차장에 그 헌 차를 세워놓고 새 차를 사는 즉시 달려와 그렇게 혼을 낸 것이었습니다.

하지만 그 사람은 방금 산 새 차를 하루도 안 지나서 즉시 헌 차로 만들어 놓았습니다. 시원하게 분풀이를 하긴 했지만 새 차도 함께 엉망으로 부서진 것을 보니 다시 분노에 쌓여 견딜 수가 없었습니다. 곰곰이 생각할수록 어리석은 자기 자신이 미워졌습니다. 후회해도 소용없는 일이었습니다.[주]

주) Paul Lee Tan. # 7079 "Revenge on Old Car" in *Encyclopedia of 7700 Illustrations: Signs of the Times*, seventh printing. Rockville, Maryland: Assurance Publishers, 1984, p.1556에 나오는 간단한 사건을 번역한 후 심리적인 면들을 확대 설명하여 인용.

이런 식으로 살아가는 사람들은 자화상이 건강치 못한 사람입니다. 자신의 못난 점, 실수, 잘못, 인정받지 못하는 면을 주로 보고 부끄러워하며 싫어하고 미워하며 피하려고 신경을 쓰는 사람들입니다. 자신의 장점과 잘하는 일을 즐길 수 없는 사람들입니다. 그러다 보면 남들에게서 자기의 약점이 발견될 때 그냥 지나가지 못하고 그 사람을 괴롭게 하는 사람들입니다. 자기 마음속에 "나는 못난이"라는 자화상을 그려 놓고, 그 그림만 쳐다보며 생각하고, 자신을 미워하며 살아가는 사람들입니다.

정도의 차이는 있습니다. 그러나 그대로 지나치면 자기도 힘들고 남도 힘들게 만드는 삶을 살게 됩니다. 잘못 그려진 자화상은 고쳐 그리기가 쉽지 않습니다. 그러나 잘못 그려진 자화상을 고치는 일이 불가능하지는 않습니다.

그렇다면 건강한 자화상을 가진 사람은 어떤 사람일까요? 일반적으로 건강한 사람과 건강치 못한 사람의 특징을 이해하면 자화상이 건강한 사람을 이해하는 데 도움이 될 것입니다. 일반적으로 건강한 사람의 특징에는 다음과 같은 것들이 포함됩니다.

2 건강한 사람의 특징

① 잘 먹는다.
② 잘 배설한다.
③ 잘 잔다.
④ 신체 기능이 원활하다.
⑤ 충격과 상처와 피곤을 쉽게 극복한다.
⑥ 에너지 수준이 높다.
⑦ 의욕이 넘친다.
⑧ 모험을 시도한다.
⑨ 활동을 많이 한다.
⑩ 태도가 긍정적이다.
⑪ 생각이 건설적이다.
⑫ 감정관리를 잘한다.
⑬ 대인관계가 원만하다.
⑭ 균형 있는 삶을 추구한다.
⑮ 삶을 즐긴다.

한편 일반적으로 건강하지 못한 사람의 특징에는 다음과 같은 내용이 포함됩니다.

3 건강하지 못한 사람의 특징

① 잘 먹지 못한다.
② 잘 배설하지 못한다.
③ 잘 자지 못한다.
④ 신체 기능이 원활하지 못하다.
⑤ 충격과 상처와 피곤에 쉽게 무너진다.
⑥ 에너지 수준이 낮다.
⑦ 의욕이 약하다.
⑧ 모험을 피한다.
⑨ 활동을 적게 한다.
⑩ 태도가 부정적이다.
⑪ 생각이 파괴적이다.
⑫ 감정관리를 잘 못한다.

⑬ 대인관계가 원만하지 못하다.
⑭ 균형을 잃은 삶을 살아간다.
⑮ 삶을 즐기지 못한다.

이제 건강한 사람과 건강치 못한 사람의 자화상을 살펴보도록 하겠습니다. 일반적으로 자화상이 건강한 사람의 특징에는 다음과 같은 내용이 포함됩니다.

4 자화상이 건강한 사람의 특징

① 표정이 밝다.
② 행동이 자연스럽다.
③ 환경에 적응을 잘한다.
④ 태도가 겸손하고 자신감이 있다.
⑤ 만족할 줄 알고 적절히 표현한다.
⑥ 감사할 줄 알고 적절히 표현한다.
⑦ 사과할 줄 알고 적절히 표현한다.

⑧ 용서할 줄 알고 적절히 표현한다.

⑨ 충고할 줄 알고 적절히 표현한다.

⑩ 희생할 줄 알고 헌신한다.

⑪ 인내할 줄 알고 희망을 가진다.

⑫ 약점을 인정하고 개선하고자 한다.

⑬ 비판을 받아들이고 고치고자 한다.

⑭ 건전한 유머를 즐기고 낙관적이다.

⑮ 즐겁게 주고 기분 좋게 받는다.

반면에 일반적으로 건강하지 못한 사람의 특징에는 다음과 같은 내용이 포함됩니다.

5 자화상이 건강치 못한 사람의 특징

① 표정이 어둡다.

② 행동이 부자연스럽다.

③ 환경에 적응을 잘 못한다.

④ 태도가 교만하고 자신감이 없다.

⑤ 불만이 많다.

⑥ 감사하는 마음이 별로 없고 표현도 부족하다.

⑦ 사과하는 것을 힘들어한다.

⑧ 용서하기를 어려워한다.

⑨ 비판을 잘 한다.

⑩ 희생하는 것을 부담스러워한다.

⑪ 인내심이 부족하고 실망을 잘한다.

⑫ 약점을 인정하려 들지 않는다.

⑬ 비판받는 것을 힘들어한다.

⑭ 비꼬인 유머를 즐기고 비관적이다.

⑮ 주고받는 일이 까다롭다.

물론 이것이 절대적인 표준은 아닙니다. 이것은 모든 특징을 다 포함하는 목록도 아닙니다. 여기에는 예외가 있을 수 있습니다. 모든 사람이 모든 특징을 다 갖고 있는 것도 아닙니다. 사람마다 정도의 차이가 있습니다. 이 중 일부를 포함하고 있다 해서 다 행복하거나 다 불행한 것도 아닙니다. 그러나 건강한 사람일수록 건강한 행복을 누리며 그 행복을 이웃과 함께 나눌 가능성이 높아집니다. 우리의 강조점은 건강하지 못한 자화상을 건강한 자화상으로 교정하고 개선하며 발전시키려는 데 있습니다. 성령 안에서 옛 사람을 벗어버리고 새 사람을 입고자 하는 데 있습니다.

이제 우리의 관심은 성경에 건강한 자화상을 가진 사람이 나오는가, 건강하지 못한 자화상을 가진 사람이 나오는가, 우리의 자화상을 진단하는 데 그 인물들이 어떤 도움을 주는가, 성령께서는 그들을 통해서 우리에게 어떤 말씀을 주시는가를 구체적으로 알아보고 우리 자신의 건강한 자화상을 더욱 성숙시키고, 병든 자화상을 고치려는 데 있습니다.

성경에서는 요셉이 소개되고 있습니다. 요셉의 자화상은 어떻습니까? 그의 자화상은 건강합니까? 자화상이 건강하면 어떤 일이 가능합니까? 함께 살펴보겠습니다.

6 자화상이 건강하면

첫째로, 미움의 감정을 다스릴 수 있습니다.

요셉은 형들에 대한 미움의 감정을 다스렸습니다. 창세기 50:15-17을 살펴보겠습니다.

"요셉의 형제들이 그들의 아버지가 죽었음을 보고 말하되 요셉이 혹시 우리를 미워하여 우리가 그에게 행한 모든 악을 다 갚지나 아니할까 하고 요셉에게 말을 전하여 이르되 당신의 아버지가 돌아가시기 전에 명령하여 이르시기를 너희는 이같이 요셉에게 이르라 네 형들이 네게 악을 행하였을지라도 이제 바라건대 그들의 허물과 죄를 용서하라 하셨나니 당신 아버지의 하나님의 종들인 우리 죄를 이제 용서하소서 하매 요셉이 그들이 그에게 하는 말을 들을 때에 울었더라."

아버지 야곱의 장례식을 마치고 나서 요셉의 형들이 요셉에게 자기들의 허물을 용서해 줄 것을 빌고 있습니다. 형들의 허물은 무엇이었습니까? 그것은 요셉의 어린 시절에 요셉을 시기하고 질투하고 미워하여 죽이려 했다가 이스마엘 상인들에게 은 이십을 받고 팔아버린 허물이었습니다. 그 허물은 단순한 미움의 감정이 아니었습니다. 그것은 생명의 위협이었습니다. 종으로 팔아버린 인신매매의 흉악범죄였습니다. 바로 그 허물을, 지금 돌아가신 아버지의 부탁을 생각해서라도 용서해 달라고 애원하고 있는 것입니다. 요셉은 그 형들에 대한 미움의 감정을 다스릴 수 있었습니다.

과연 요셉이 형들에 대한 미움이 있었을까요? "요셉이 그들이 그에게 하는 말을 들을 때에 울었더라"(창 50:17). 미움이 전혀 없었다면 울지 않았을 것입니다. 요셉의 울음은 미움의 감정을 드러내는 것이었습니다. 요셉의 눈물은 형들에 대한 미움을 입증해 주는 것이었습니다. 그러나 그 울음, 그 눈물은 형들에 대한 미움을 씻어내는 울음이요, 눈물이었습니다. 만일 요셉이 미움의 감정을 다스릴 수 없었다면 눈물을 흘리며 우는 대신 무서운 눈으로 쏘아보며 고함을 지르고 야단을 쳤을 것입니다.

요셉은 형들에 대한 미움의 감정이 있었으나 그것을 다스릴 수 있었습니다. 이것은 그의 자화상이 건강했다는 증거였습니다. 그의 마음속에는 "분노를 느끼되 분노의 감정을 잘 다스리는 나 요셉," "분노의 노예가 아닌 나 요셉," "분노를 폭발시키지 않는 나 요셉"이라는 건강한 자화상이 그려져 있기 때문이었습니다. 이러한 자화상이 분노를 다스리는 실제 요셉의 모습을 보여주게 했습니다. 자화상이 건강하면 미움을 다스릴 수 있습니다.

둘째로, 보복을 자제할 수 있습니다.

요셉은 형들에 대한 보복을 자제했습니다. 창세기 50:18-19을 살펴보겠습니다.

"그의 형들이 또 친히 와서 요셉의 앞에 엎드려 이르되 우리는 당신의 종들이니이다 요셉이 그들에게 이르되 두려워하지 마소서 내가 하나님을 대신하리이까?"

요셉은 형들에게 보복할 이유가 충분히 있었습니다. 형들의 죄가 너무나 크지 않았습니까? 그는 또한 형들에게 보복할 권세를 갖고 있었습니다. 요셉은 지금 애굽의 총리가 아닙니까? 게다가 요셉에게는 보복할 기회가 주어졌습니다. 형들이 지금 눈앞에 나타나서 엎드려 있지 않습니까? 그러나 요셉은 형들에게 보복하지 않았습니다. 보복을 원치 않았습니다. 보복의 문제를 하나님께 맡겼습니다.

요셉이 형들에 대한 보복을 자제할 수 있었던 것은 그의 마음속에 "보복하지 않는 나 요셉," "용서하는 나 요셉," 보복을 자제하는 나 요셉의 자화상이 선명하게 그려져 있었기 때문입니다. 보복할 기회를 노리지 않는 나, 보복할 결정적 기회가 주어져도 보복하지 않는 나, 보복의 문제는 하나님께 맡기는 나, "보복을 자제하는 나 요셉"이라는 분명한 자화상이 실제로 보복을 절제하는 요셉의 행동으로 나타난 것이었습니다. 자화상이 건강하면 보복을 자제할 수 있습니다.

셋째로, 원수도 사랑할 수 있습니다.

요셉은 형들을 사랑했습니다. 창세기 50:20-21을 살펴보겠습니다.

"당신들은 나를 해하려 하였으나 하나님은 그것을 선으로 바꾸사 오늘과 같이 많은 백성의 생명을 구원하게 하시려 하셨나니 당신들은 두려워하지 마소서 내가 당신들과 당신들의 자녀를 기르리이다 하고 그들을 간곡한 말로 위로하였더라."

요셉은 자기를 해하려 했던 형들을 용서하고 사랑했습니다. 형들만 아니라 그 자녀들까지 사랑했습니다. 요셉의 사랑은 말로만의 사랑이 아니었습니다. 구체적으로 표현된 사랑이었습니다. "두려워하지 마소서!" 하고 위로하는 사랑이었습니다. "내가 당신들과 당신들의 자녀를 기르리이다!" 하고 물질과 여건에 애정을 담아 제공하는 사랑이었습니다. 요셉의 이러한 사랑은 그가 형들을 용서했다는 증거를 보여주고 있습니다.

요셉이 형들을 그처럼 용서하고 사랑할 수 있었던 것은 그의 마음속에 "원수를 용서하는 나," "원수를 사랑하는 나 요셉"이라는 자화상이 분명히 그려져 있었기 때문입니다. 내가 나를 바라보는 자화상이 "원수를 용서하는 나," "원수를 사랑하는 나"의 모습으로 그려져 있을 때 실제 행동에서 그러한 모습이 나타날 수 있습니다. 이로써 우리는 요셉의 자화상이 참으로 건강했다는 사실을 확인할 수 있습니다.

7 건강한 자화상을 그리려면

그렇다면 요셉이 어떻게 그처럼 건강한 자화상을 그리게 되었을까요? 요셉은 어려서 어머니를 잃지 않았습니까? 형들의 미움 속에 자라지 않았습니까? 소년 시절부터 너무나 큰 충격을 많이 받지 않았습니까? 심지어 구덩이에 빠뜨림을 당하고, 종으로 애굽(Egypt)에 팔려가서 고생하고, 누명쓰고 감옥에 갇히고, 외롭고 괴롭고 힘든 나날을 숱하게 보내지 않았습니까?

얼마든지 비뚤어지고 탈선할 이유들이 많았던 요셉이었습니다. 자화상이 뒤틀리고 깨질 법한 일들을 많이 당했던 요셉이었습니다. 그런데도 요셉은 건강한 자화상을 그려낼 수 있었습니다. 그 비밀이 무엇이었을까요? 창세기 50:19-20에 나타나 있습니다.

"요셉이 그들에게 이르되 두려워하지 마소서 내가 하나님을 대신하리이까 당신들은 나를 해하려 하였으나 하나님은 그것을 선으로 바꾸사 오늘과 같이 많은 백성의 생명을 구원하게 하시려 하셨나니."

고난 중에도 자기와 함께하시는 하나님을 바라보고 하나님의 섭리를 신뢰하고 하나님이 주시는 꿈을 간직하며 하나님의 인도하심에 순종하는 믿음을 가질 때 그의 자화상이 건강하게 성장할 수 있었습니다.

8 닫는 글

하나님을 바라보십시오. 하나님의 섭리를 신뢰하십시오. 하나님이 주시는 꿈을 간직하십시오. 하나님의 인도하심에 순종하십시오. 그리스도 예수 안에서 성령의 새롭게 하시는 은혜로 여러분의 자화상을 건강하게 회복하십시오. 주님께서 도와주실 것입니다. 해악을 선으로 바꾸사 만민의 생명을 구원하게 하시는 하나님이 여러분의 자화상을 변화시켜 주실 것입니다.

미움과 보복을 자제하게 하는 건강한 자화상
원수도 사랑할 수 있게 하는 건강한 자화상
성령의 은혜로 건강한 자화상을 그립시다!

개인복습과 그룹토의 및 적용을 위한 질문들

1. 건강한 사람의 특징과 건강치 못한 사람의 특징에 의하면 당신은 어느 편에 더 가깝다고 생각합니까?

   _____
   _____

2. 자화상이 건강한 사람의 특징과 자화상이 건강치 못한 사람의 특징에 따르면 당신은 어느 편에 더 가깝다고 생각합니까?

   _____
   _____

3. 요셉의 경우를 보면서, 당신이 미움의 감정을 다스려본 경험을 함께 나누어 보십시오.

   _____
   _____

4. 요셉의 경우를 생각하면서, 당신 자신이 보복을 자제한 경험을 들려 주십시오.

___

___

5. 요셉과 비슷한 상황에서 당신 자신이 원수를 사랑한 경험을 말씀해 보십시오.

___

___

6. 병든 자화상을 회복한 당신의 경험을 이야기해 보십시오.

___

___

7. 당신이 만난 건강한 자화상을 가진 사람들에 대해서 간증을 나누어 보십시오.

___

___

3. 우월의식과 자화상

¹·에브라임 산지 라마다임소빔에 에브라임 사람 엘가나라 하는 사람이 있었으니 그는 여로함의 아들이요 엘리후의 손자요 도후의 증손이요 숩의 현손이더라 ²·그에게 두 아내가 있었으니 한 사람의 이름은 한나요 한 사람의 이름은 브닌나라 브닌나에게는 자식이 있고 한나에게는 자식이 없었더라 ³·이 사람이 매년 자기 성읍에서 나와서 실로에 올라가서 만군의 여호와께 예배하며 제사를 드렸는데 엘리의 두 아들 홉니와 비느하스가 여호와의 제사장으로 거기에 있었더라 ⁴·엘가나가 제사를 드리는 날에는 제물의 분깃을 그의 아내 브닌나와 그의 모든 자녀에게 주고 ⁵·한나에게는 갑절을 주니 이는 그를 사랑함이라 그러나 여호와께서 그에게 임신하지 못하게 하시니 ⁶·여호와께서 그에게 임신하지 못하게 하시므로 그의 적수인 브닌나가 그를 심히 격분하게 하여 괴롭게 하더라

○ 사무엘상 1:1~6

1 여는 글

폴 리 텐(Paul Lee Tan)의 예화집 2434번에 "비천한 신들을 가진 콧대 높은 사람들"(Lofty People With Lowly Gods)이라는 흥미 있는 통찰이 소개되고 있는데, 이것은 포스터(Foster)가 관찰한 사실들입니다.

- 피라미드를 지은 사람들이 혐오감을 주는 곤충들과 동물들을 신으로 섬겼다.
- 문자들을 발명한 페니키아인들(The Phoenicians)이 자기 신들이 자기들을 버리고 도망하지 못하게 하기 위해서 그들의 신상들을 제단에 사슬로 묶어놓았다.
- 교양이 있다는 로마인들이 양의 창자 모양이나 새가 날아가는

것을 보고 점을 쳐서 중요한 계획들을 세웠다.
- 영웅 풀루타크(Hero Plutarch)는 인간의 영혼이 달에서 나왔기 때문에 달로 돌아갈 것이라고 생각했다.
- 현자 플라톤(Platon)과 세네카(Seneca)는 별들이 먹을 것을 필요로 해서 푸른 초장을 간절히 사모한다고 생각했다.주)

그토록 훌륭한 사람들이 이렇게 어리석은 생각과 행동을 했다니 어처구니가 없습니다. 이러한 사람들은 우월의식을 가진 사람들을 연상케 하고 있습니다. 우월의식을 가진 사람들은 뭔가 남들에 비해서 잘나고 똑똑한 면들이 있고, 배우고 갖추고 소유한 것도 비교적 넉넉합니다. 하지만 그러한 장점들을 가지고 생각하며 행동하는 것을 보면 어리석은 면들이 있습니다.

2 우월의식의 정의

우월의식이 무엇입니까? 우월의식이란 "내가 남보다 더 뛰어나

주) Paul Lee Tan. # 2434 "Lofty People With Lowly Gods" by Foster in *Encyclopedia of 7700 Illustrations: Signs of the Times*, seventh printing. Rockville, Maryland: Assurance Publishers, 1984, p.596에서 번역 인용.

다는 사고방식에 사로잡혀 나보다 못하다고 생각되는 사람을 멸시하는 태도"를 의미합니다. 우월의식은 아주 맹랑합니다. 우월의식은 공주병이나 왕자병 혹은 솔로몬 증후군으로 발전할 수도 있습니다. 공주병은 "평범한 여성이 자기 주제파악을 못하고 마치 공주나 된 것처럼 생각하고 말하고 행동하며 대접을 받고자 하는 증상"입니다. 왕자병은 "평범한 남성이 자신을 왕자로 착각하여 행동하는 증상"을 가리킵니다. 그리고 솔로몬 증후군은 "솔로몬이 누린 영화와 경험에 비교도 안 되는 사람이 자신을 솔로몬 왕으로 착각하여 생각하고 말하고 행동하며 기분 내는 증상"을 의미합니다.

3 우월의식에 대한 이해

교육과 훈련과 진실한 삶의 경험을 통해서 교양을 갖춘 진짜 공주, 진짜 왕자, 하나님 앞에 겸손히 엎드려 백성을 섬길 지혜를 구한 진짜 솔로몬은 사랑과 존경을 받을 수 있습니다. 그러나 우월의식에 감염된 사람들이 공주 행세, 왕자 행세, 솔로몬 왕 행세를 하면 꼴불견이 되지 않을 수 없습니다. 누가 그런 사람을 알아주겠습니까? 누가 그런 사람을 존경하겠습니까? 누가 그런 사람을 사랑하겠습니까? 돈이나 이권을 바라거나 다른 생각을 가진 사람이 아니고는 가까이 하기도 싫어할 것입니다.

그렇다면 왜 사람이 그런 우월의식을 갖게 될까요? 왜 그런 사고방식을 가지고 말하고 행동하는 것일까요? 우월의식을 가진 사람의 마음속 깊은 곳에는 "나는 못났다, 나는 부족하다, 나는 존경을 받지 못한다, 나는 인정을 받지 못한다, 나는 사랑을 받지 못한다, 나는 버림을 받을지도 모른다, 나는 외롭다"는 등등의 생각들이 들어 있을 수 있습니다. 그러한 생각들이 꿈틀거리고 일어나면 자기 자신의 인격에 대해서 위협을 받습니다. 위협을 받으면 불안해집니다. 그 불안을 피하기 위해서 의식적으로, 또는 무의식적으로 자기가 남들보다, 또는 어떤 특정한 대상보다 더 우월하다는 생각을 하고 말을 하고 행동을 하게 됩니다.

우월의식은 병적인 사고방식이고 태도입니다. 우월의식은 객관적이고 사실적인 우월한 상태나 지위나 능력과는 다릅니다. 우월한 사실이 잘못이 아니고 그 사실을 해석하여 대인관계에 적용하는 사고방식과 태도가 병들어 있는 부분이 문제가 되는 것입니다.

우월의식은 자신을 더욱 힘들고 지치고 불안하고 외롭게 만들

수 있습니다. 그리고 다른 사람들에게 크고 작은 피해를 입힐 수 있습니다. 그리하면 더욱 외로워져 병세가 악화되는 방향으로 나아갈 수 있습니다.

4 우월의식을 가진 성경인물: 브닌나

성경에도 우월의식을 가진 인물이 몇 사람 눈에 띄는데 본문에 나오는 인물이 브닌나입니다. 브닌나는 엘가나의 두 아내 중 하나였습니다. 브닌나는 엘가나의 다른 아내 한나의 대적이었습니다. 브닌나가 한나에게 보여 준 인간관계에서 우월의식의 증상이 어떻게 나타나고 있는지 살펴보도록 하겠습니다.

사무엘상 1:1-2을 보면 에브라임 사람 엘가나에게 한나와 브닌나라는 두 아내가 있었습니다. 이름이 소개되는 순서를 보면 한나가 큰 부인이고 브닌나가 작은 부인이었던 것으로 생각됩니다. 브닌나는 자식이 있고 한나는 자식이 없었습니다. 당시 이스라엘 사회에서 자식이 있느냐 없느냐는 여성들에게 아주 중요한 일이었습니다. "자식들은 여호와의 기업이요 태의 열매는 그의 상급이로다"

(시 127:3)라고 생각하였기 때문입니다.

자식이 있는 브닌나가 자식이 없는 한나를 어떤 태도로 대하였는지 알아보겠습니다. 사무엘상 1:6을 살펴보겠습니다.

"여호와께서 그에게 임신하지 못하게 하시므로 그의 적수인 브닌나가 그를 심히 격분하게 하여 괴롭게 하더라."

한나가 자식이 없는 이유는 하나님께서 임신하지 못하게 하셨기 때문이었습니다. 그런데 이미 자식을 둔 브닌나와 자식이 없는 한나의 관계는 어떠했습니까? 성경은 브닌나를 한나의 "대적"으로 소개하고 있습니다. 브닌나는 한나를 공격의 대상으로 삼아 괴롭게 하였습니다.

브닌나는 자기 자신과 한나를 비교하였습니다. "나는 하나님께서 주신 자식이 있다." 브닌나는 자기 자신의 강점을 파악했습니다. "한나에게는 하나님께서 자식을 주지 않으셨다." 브닌나는 상대방의 약점을 파악했습니다. 브닌나는 자신의 강점을 가지고 상대방의 약점을 공격했습니다. 보통 공격한 것이 아니었습니다. 심히 격동하여 번민케 하였습니다.

한나에게 보여준 브닌나의 태도는 건강한 것이었습니까? 아니면 병든 것이었습니까? 브닌나의 태도는 결코 건강한 것이 아니었습니다. 브닌나가 건강한 태도를 가졌다면 비록 자식이 없더라도 한나를 인격적으로 존중하고 약점을 덮어주고 위로하고 격려하며 함께 기도하고 따로 중보기도를 드렸을 것입니다. 브닌나는 한나가 자식이 없다고 인격적으로 멸시했습니다. 한나의 약점을 들추어 감정을 격동시켰습니다. 기도할 자리에서 번민하게 만들었습니다. 상대방의 괴로움을 자신의 즐거움으로 삼았습니다. 그것은 브닌나 자신에게도, 한나에게도 결코 덕이 되지 못했습니다. 모두에게 평안 대신 불안을 안겨주고, 행복 대신 불행을 가져오며, 기쁨 대신 슬픔을 초래하는 일이었습니다. 브닌나의 태도는 병든 것이었습니다. 그것은 우월의식에서 나오는 태도였습니다.

5 우월의식의 증상

우월의식의 증상을 정리하면 다음과 같습니다.
① 자신과 남을 민감하게 비교한다.

② 자기 장점을 과시하고 남의 단점을 지적한다.

③ 강자를 비판하고 약자를 멸시한다.

④ 자기가 비판받는 것을 견디지 못한다.

⑤ 칭찬을 못하고 칭찬 받기를 좋아한다.

⑥ 허례허식을 중시하고 실속이 없다.

⑦ 이목을 끌기 위해 부단히 노력한다.

⑧ 목이 뻣뻣하고 인사를 잘 안 한다.

⑨ 자기를 기쁘게 하는 일에 힘쓴다.

⑩ 남이 잘못되고 괴로워하는 것을 내심으로 즐긴다.

⑪ 주변에 사람이 모여도 진실한 친구가 적다.

⑫ 허황하고 과장된 말을 쉽게 한다.

⑬ 곧 드러날 거짓말을 한다.

⑭ 상식에서 벗어나는 이상한 행동을 한다.

⑮ 자기가 존경하는 사람이 별로 없다.

6 브닌나가 우월의식을 갖게 된 경위

브닌나가 어떻게 해서 우월의식을 갖게 되었을까요? 거기에는 이유가 있었습니다. 사무엘상 1:3-5을 살펴보겠습니다.

"이 사람이 매년 자기 성읍에서 나와서 실로에 올라가서 만군의 여호와께 예배하며 제사를 드렸는데 엘리의 두 아들 홉니와 비느하스가 여호와의 제사장으로 거기에 있었더라 엘가나가 제사를 드리는 날에는 제물의 분깃을 그의 아내 브닌나와 그의 모든 자녀에게 주고 한나에게는 갑절을 주니 이는 그를 사랑함이라 그러나 여호와께서 그에게 임신하지 못하게 하시니."

물론 브닌나가 시집오기 전에 성장한 과정에도 문제는 있었겠으나 그녀의 우월의식은 현재의 가정환경이 큰 영향을 미쳤던 것이 분명합니다.

우선 두 여자가 한 남편과 산다는 데 문제가 있었습니다. 남편 엘가나가 한나를 사랑하여 결혼을 했는데 자식이 없어서 브닌나를 작은 부인으로 얻었던 것 같습니다. 브닌나에게서 자식을 보았는데 남편은 한나를 더 사랑했습니다. 더 사랑하는 표시를 냈습니다. 제물의 분깃을 한나에게 갑절이나 준 것이었습니다. 그렇지 않아도 평소에 입맛이 없는 한나에게 냉장고도 없는 그 당시 이미 요리된 고기를 갑절이나 줘봤자 소용없는 일이었습니다. 차라리 먹성 좋은 브닌나에게 갑절로 주었더라면 자식들과 함께 잘 먹고 섭섭하게 여기는 일도 적었을 것입니다.

브닌나의 입장에서 남편이 하는 일을 보면 속이 뒤틀리는 일이 한두 가지가 아니었습니다. 자식이 없는 집에 둘째 부인으로 시집 와서 자식을 낳아주었으면 마땅히 자기를 더 사랑해야 될 텐데 여전히 한나를 더 사랑한다는 것이 마음에 들지 않았습니다. 음식을 나눠주더라도 식구가 많은 자기에게 더 많이 주고 한나에게는 혼자서 먹을 정도로 주어야 하지 않았겠습니까? 평소에 남편이 자기는 멀리하고 한나는 가까이하는 눈치를 보이는 것이 브닌나의 질투심을 자극하고 심사를 뒤틀리게 하지 않았겠습니까? 남편이 보는 데서는 아무렇지도 않은 듯이 지내다가 남편이 일하러 가고 없으면 자식들을 앞세워 한나를 격동시킨 것이 우연한 일은 아니었을 것입니다.

브닌나는 속으로 이렇게 생각했을 것입니다. "무엇으로 보아도 내가 한나보다 낫지 않은가? 나는 자식을 낳았고 한나는 못 낳았다. 그럼에도 불구하고 남편은 나보다 한나를 갑절이나 더 사랑하고 있다. 내가 그렇게 못 난 사람인가? 이러다가 남편이 나를 버리는 것은 아닌가? 아, 정말 자존심 상한다. 남편은 늙어가고, 노후대책은 없고, 자식들은 주렁주렁 있고…불안하기 짝이 없네. 문제는 한나에게 있어. 내가 그냥 있나 봐라. 내 눈에 눈물을 흘리게 하면 네 눈에 피눈물이 나게 하고 말리라…내가 뭘로 보나 한나 너 보다는 낫지, 안 그러냐? 네가 자식을 하나라도 낳았다면 내가 말도 안 해!"

7 우월의식을 갖게 하는 원인들

우월의식을 갖게 하는 원인들을 몇 가지로 간추려 보면 다음과 같습니다.

① 누군가에 의해서 비교를 당하고 살아왔다.

② 자기의 강점을 인정받지 못하고 살아왔다.

③ 자기의 약점을 공격당하고 살아왔다.

④ 견디기 어려운 비판을 받는 일이 종종 있었다.

⑤ 격려와 칭찬을 받은 적이 별로 없었다.

⑥ 품위 있는 대우를 받아본 적이 별로 없었다.

⑦ 남들의 주목을 받아본 적이 별로 없었다.

⑧ 다정한 인사를 받아본 적이 별로 없었다.

⑨ 남이 나를 기쁘게 해준 적이 별로 없었다.

⑩ 남이 나의 잘못과 괴로움을 즐기는 일이 종종 있었다.

⑪ 진실한 친구를 사귈 기회를 별로 갖지 못했다.

⑫ 주변에서 허황하고 과장된 말을 자주 들어왔다.

⑬ 거짓말을 해서라도 위기를 모면한 경험이 종종 있었다.

⑭ 남에게 멸시와 따돌림을 당할까봐 불안이 심각했다.

⑮ 남에게 존경을 받아본 일이 별로 없다.

8 우월의식으로 병든 자화상 고치기

메릴랜드 주 오션시티(Ocean City, Maryland, USA) 앞 대서양에서 낚시를 하다가 복어(swellfish)를 낚은 적이 있습니다. 복어는 상당히 커 보였습니다. 배를 얼마나 부풀리고 있는지 금방 터질 것만 같았습니다.

큰 물고기가 삼키지 못하도록 자기 방어를 한 것이었습니다. 낚시 바늘을 빼고 옆에 놔뒀는데 여전히 배를 부풀리고 있었습니다. 한참을 기다려도 그대로 팽팽한 배를 내밀고 있었습니다. 불쌍해서 물에 넣어주니 바람을 빼고는 날렵하게 헤엄쳐 물속으로 사라졌습니다. 배를 부풀리고 있는 동안 얼마나 힘들었을까 생각해 보았습니다. 바람을 뺀 날씬한 모습이 얼마나 자유스러워 보였는지 모릅니다.

우월의식은 복어가 배를 내민 것과 비슷합니다. 위협과 불안으로부터 자기를 방어하기 위해서 실제 몸은 작은데 겉으로 크게 보이도록 만든다는 점에서 비슷합니다. 우월의식은 경쟁의 대상이 되는 남들 앞에서 실제의 자기보다 더 크게 부풀린 자기를 보여주기 위해서 노력을 하는 태도입니다. 자기를 크게 보이도록 하기 위해서 남을 작게 평가합니다. 자기가 인정을 받기 위해서 남을 무시합니다. 자기가 칭찬을 받기 위해서 남을 비판합니다. 자기가 존경을 받기 위해서 남을 멸시합니다. 자기를 크게 보이기 위해서 이상한 행동을 합니다.

그러므로 우월의식은 자기과시로 연결됩니다. 인격장애(personality disorders) 유형의 하나로 분류되는 자기과시를 슈나이더(Schneider)는 세 종류로 구분하고 있습니다. 타인의 주목을 끌기 위해서 이상한 행동을 일삼는 외향성 자기과시(exzentrische Geltungsbedurftige), 자만심에 차 있으면서 과장과 수식을 잘하고 다른 사람을 경멸하는 자만성 자기과시(renommitische Geltungsbedurftige), 그리고 자기과시를 위해 거짓말을 잘하는 허언성 자기과시(pseudologische Geltungsbedurftige)입니다. 자기과시를 잘하는 우월의식을 가진 사람들은 상상력이 풍부하여 예술에 공헌하기도 하고 범죄자나 고급사기꾼이 된 사람들도 있는 것으로 알려져 있습니다.[주)]

우월의식의 배후에는 병든 자화상이 숨어 있습니다. 자기 자신의 모습을 실제보다 더 크게 그려 놓고 그 큰 모습에 자기를 맞추어 살아가려는 데에서 온갖 병 증세가 나타납니다. 부풀린 자화상에서 바람을 빼야 합니다. 자기의 본래 모습으로 고쳐 놓아야 합니다. 그래야 자유롭게 살아갈 수 있습니다. 어떤 사람은 부풀린 자화상에 맞춰 살려다가 빚더미에 올라앉게 됩니다. 건강을 잃게 됩니다. 가정에 고통을 안겨 줍니다. 대인관계에 상처를 입힙니다. 모두를 힘들게 만듭니다. 우월의식에서 자유하기 위하여 자화상을 고치기 원한다면 다음과 같이 한번 해보십시오.

주) 이정균 저. 정신의학. 대한민국 서울: p. 239참조.

① 내 모습 이대로 주님 앞에 나온다.

② 주님이 나를 그대로 용납하심을 확신한다.

③ 주님이 나의 연약함을 담당하심을 확신한다.

④ 주님이 나를 사랑하심을 확신한다.

⑤ 우월의식적 자기방어방법은 효과가 없다는 사실을 인정한다.

⑥ 우월의식에 부작용이 많았다는 사실을 인정한다.

⑦ 우월의식을 과감히 던져버린다.

⑧ 성령의 도우심 안에서 새로운 변화를 추구한다.

⑨ 나에게 잘못했던 사람들을 용서한다.

⑩ 믿음, 소망, 사랑 안에서 미래를 향해 나아간다.

⑪ 자화상이 건강한 사람들을 사귄다.

⑫ 자화상이 건강한 사람들과 함께 성경공부를 한다.

⑬ 자화상이 건강한 사람들과 함께 봉사한다.

⑭ 비판보다는 격려와 사랑을 베푼다.

⑮ 멸시보다는 존경의 태도로 대인관계를 접근한다.

9 닫는 글

브닌나가 자신의 병든 자화상을 고치고 우월의식에서 자유함을 얻었는지는 기록이 없어 알 수 없습니다. 그러나 오늘을 사는 우리는 우월의식에서 자유함을 누릴 수 있기를 원합니다. 주 예수 그리스도 앞에 나와서 정직하게 자신의 모습을 그대로 인정하고 그의 십자가 앞에 내 짐을 내려놓을 때 비로소 우리에게 소망이 있습니다. 이웃들이 "부풀린 나"보다 "실제의 내 모습"을 더 부담 없이 받아들인다는 사실을 인식할 때, 나의 자화상이 나의 실물과 일치될 때, 나는 드디어 우월의식에서 벗어날 수 있습니다. 우월의식이 자기 방어에 아무 도움이 안 되고 오히려 부작용만 초래한다는 심각한 사실을 깨달을 때 과감히 던져버릴 수 있습니다.

여러분 가운데 우월의식의 증상을 보이는 분들이 있습니까? 주변에서 그런 분들을 보십니까? 부풀린 자화상을 주님 안에 있는 실제의 당신 모습으로 고치도록 하십시오. 우월의식을 벗어버리고 주님 은혜 안에서 참 자유를 누리십시오. 예수 그리스도 십자가를 통해서 보여주신 하나님 아버지의 사랑을 가슴에 품고 성령을 의지하십시오. 주님의 품에 안기십시오. "수고하고 무거운 짐 진 자들아

다 내게로 오라 내가 너희를 쉬게 하리라"(마 11:28).

우월의식의 자어방어 방법은 실제적인 효과가 없는 법

부풀린 자화상은 병든 자화상

성령의 은혜로 자화상을 고칩시다!

개인복습과 그룹토의 및 적용을 위한 질문들

1. 우월의식이 무엇인지 설명해 보십시오.

2. 우월의식의 증상들 중에서 당신에게 해당되는 항목들은 무엇입니까?

3. 브닌나가 우월의식을 갖게 된 경위와 비슷한 상황을 관찰한 경험을 말해 보십시오.

4. 우월의식을 갖게 하는 원인들 가운데서 당신이 경험한 사례는 무엇입니까?

___

___

5. 당신의 자화상에 우월의식으로 병든 부분이 있다면 무엇인지 말해 보십시오.

___

___

6. 우월의식으로 병든 자화상을 고치기 위한 제안들 가운데 당신은 무엇을 받아들이겠습니까?

___

___

7. 새롭게 깨달은 바를 당신의 삶에 어떻게 적용하겠습니까?

___

___

4. 열등의식과 자화상

⁷·매년 한나가 여호와의 집에 올라갈 때마다 남편이 그같이 하매 브닌나가 그를 격분시키므로 그가 울고 먹지 아니하니 ⁸·그의 남편 엘가나가 그에게 이르되 한나여 어찌하여 울며 어찌하여 먹지 아니하며 어찌하여 그대의 마음이 슬프냐 내가 그대에게 열 아들보다 낫지 아니하냐 하니라 ⁹·그들이 실로에서 먹고 마신 후에 한나가 일어나니 그 때에 제사장 엘리는 여호와의 전 문설주 곁 의자에 앉아 있었더라 ¹⁰·한나가 마음이 괴로워서 여호와께 기도하고 통곡하며 ¹¹·서원하여 이르되 만군의 여호와여 만일 주의 여종의 고통을 돌보시고 나를 기억하사 주의 여종을 잊지 아니하시고 주의 여종에게 아들을 주시면 내가 그의 평생에 그를 여호와께 드리고 삭도를 그의 머리에 대지 아니하겠나이다 ¹²·그가 여호와 앞에 오래 기도하는 동안에 엘리가 그의 입을 주목한즉 ¹³·한나가 속으로 말하매 입술만 움직이고 음성은 들리지 아니하므로 엘리는 그가 취한 줄로 생각한지라 ¹⁴·엘리가 그에게 이르되 네가 언제까지 취하여 있겠느냐 포도주를 끊으라 하니 ¹⁵·한나가 대답하여 이르되 내 주여 그렇지 아니하니이다 나는 마음이 슬픈 여자라 포도주나 독주를 마신 것이 아니요 여호와 앞에 내 심정을 통한 것뿐이오니 ¹⁶·당신의 여종을 악한 여자로 여기지 마옵소서 내가 지금까지 말한 것은 나의 원통함과 격분됨이 많기 때문이니이다 하는지라 ¹⁷·엘리가 대답하여 이르되 평안히 가라 이스라엘의 하나님이 네가 기도하여 구한 것을 허락하시기를 원하노라 하니 ¹⁸·이르되 당신의 여종이 당신께 은혜 입기를 원하나이다 하고 가서 먹고 얼굴에 다시는 근심 빛이 없더라

○ 사무엘상 1:7~18

1 여는 글

마이클 코스타 경(Sir Michael Costa)이 큰 합창단과 연합한 오케스트라 연주 연습을 하고 있었습니다. 트럼펫소리가 우렁차게 울려 퍼지고, 북소리가 가슴을 울리고, 바이올린들이 화려한 소리를 내며 연주가 중간쯤 진행이 되었을 때 작은 피콜로를 들고 있던 연주자가 속으로 중얼거렸습니다. "난 지금 뭘 하고 있는 거지? 난 불어봐야 소용없을 거야. 소리를 들을 수도 없을 테고." 그래서 그는 피콜로를 입술에 대기만 하고 소리를 내지 않았습니다. 그러자 곧장 지휘자가 소리쳤습니다. "잠깐! 잠깐! 피콜로는 어디 갔습니까?"[주]

주) Paul Lee Tan. #3147 "Where Is The Piccolo?" by Foster in *Encyclopedia of 7700 Illustrations: Signs of the Times*, seventh printing. Rockville, Maryland: Assurance Publishers, 1984, p.746에서 번역 인용. 또한 Michael P. Green, editor. #715 "Feelings of Insignificance" in *Illustrations for Biblical Preaching*, seventh printing. Grand Rapids, Michigan: Baker Book House, 1993, p.204도 역시 참고.

자기 자신에 대해서 그 피콜로 연주자처럼 생각하며 살아가는 사람들이 있습니까? 남이 나를 어떻게 볼까? 어떻게 평가할까? 어떻게 생각할까? 어쩌면, 아마도, 틀림없이 나를 무시할 거야. 난 보잘것없는 존재야. 난 못났어. 못생겼어. 배운 게 없어. 아는 게 없어. 난 초라해. 난 가치 없는 존재야. 난 밥만 축내고 있어…등등, 이런 생각에 자신 없어 하며 살아가는 사람이 있습니까? 그런 생각에 몰두하다 보면 남들이 나를 실제로 평가하고 있는 것보다 내가 나를 더 낮게 평가하게 되고 그래서 결국 우울한 삶을 살아가는 사람을 더러 만나보았을 것입니다. 우리는 그런 유형의 사람을 가리켜 열등의식에 사로잡힌 사람이라고 진단할 수 있습니다.

2 열등의식의 정의

열등의식이 무엇입니까? 열등의식이란 "내가 남보다 더 못하다는 생각에 사로잡혀 나보다 더 뛰어난 사람을 부러워하며 나 자신을 멸시하는 태도"[주]를 가리킵니다. 한 마디로 열등의식은 못난이

주) 열등의식(inferiority complex)에 관하여 좀더 전문적인 개념을 알기 원한다면 T. L. Brink, "Inferiority complex" in the *Baker Encyclopedia of Psychology*. Grand Rapids, Michigan: Baker Book House, 1985, pp.574-575를 보라.

병이라고 할 수 있습니다.

3 열등의식을 가진 성경인물 한나

　성경에 나오는 열등의식을 가진 인물 중 한 사람이 한나입니다. 한나가 보여 준 열등의식의 증상을 살펴봅시다. 한나는 자신의 약점에 민감했습니다. 사무엘상 1:7에 보면 브닌나가 한나를 격동시킬 때 한나는 울었습니다. 브닌나가 한나를 격동시켰다는 말씀이 무슨 뜻입니까? 한나가 무엇에 격동되어 울기까지 했습니까? 한나가 그처럼 상처를 받은 약점은 무엇이었습니까? 우리가 이미 아는 대로 한나에게 자식이 없었다는 것입니다. 그것은 한나에게 치명적인 약점이었습니다. 그토록 한나는 자신의 약점에 민감했습니다.
　또 한나는 자신을 괴롭게 했습니다. 성경에 보면 한나가 먹지 않았다는 사실이 지적되고 있습니다. 열등의식은 자기 자신을 괴롭게 합니다. 한나는 자기가 자식이 없어 브닌나에게 멸시를 받는다는 생각에 서러워서 울었을 뿐만 아니라 속이 상한 나머지 밥맛을 잃고 먹지 않아 자신의 몸을 괴롭게 했습니다. 이와 반대로 우월의식은 허풍을 떨며 밥상을 근사하게 차려놓고 나 보란 듯이 잘 먹게 만듭니다. 우월의식은 자기를 괴롭게 하기보다는 상대방을 괴롭게 만듭니다. 그러나 열등의식은 못난 자기를 괴롭게 합니다.

한나에게서 열등의식의 증상을 한 가지 더 발견할 수 있습니다. 사무엘상 1:8을 살펴보겠습니다.

"그의 남편 엘가나가 그에게 이르되 한나여 어찌하여 울며 어찌하여 먹지 아니하며 어찌하여 그대의 마음이 슬프냐 내가 그대에게 열 아들보다 낫지 아니하냐 하니라."

여기에서 우리는 한나가 자기를 과소평가하고 멸시하는 태도를 볼 수 있습니다. 남편 엘가나는 한나의 가치를 인정했습니다. 아이를 낳지 못하더라도 여전히 한나를 사랑하는 아내로 인정했습니다. 심지어 열 아들보다 나은 남편으로서 한나를 사랑한다고 말했습니다. 그럼에도 불구하고 한나는 울고 먹지 않고 슬퍼만 했습니다. 한나는 그렇게 자기를 멸시했습니다. 남편이 얼마나 답답했으면 "어찌하여…어찌하여…어찌하여"를 연발했겠습니까!

여기서 우리는 한나가 브닌나의 자식 많은 것을 얼마나 부러워

했는가를 짐작할 수 있습니다. 열등의식은 자신의 약점을 민감하게 인식하고 상대방의 장점을 부러워하면서 누가 뭐라고 하든지 자기를 실제보다 못나게 평가하여 자기를 멸시하고 괴롭게 합니다. 이런 점에서 열등의식은 우월의식보다 삶을 더 힘들고, 재미없고, 즐겁지 않게 만듭니다.

4 열등의식의 증상

열등의식의 증상을 몇 가지 간추려 열거하면 다음과 같습니다.
① 자신과 남을 민감하게 비교한다.
② 남의 장점을 부러워하고 자기의 단점을 지적한다.
③ 강자에게 아첨하고 약자를 동정한다.
④ 자기가 비판받는 것을 견디지 못한다.
⑤ 남이 자기를 칭찬하는 것을 그대로 받지 못한다.
⑥ 몸치장과 거동에 신경을 많이 쓰고 아주 까다롭다.
⑦ 자신에게 이목이 집중되는 것을 부담스러워한다.
⑧ 몸을 움츠리고 기어드는 목소리로 말한다.

⑨ 자기보다 남을 기쁘게 하는 일에 힘쓴다.
⑩ 자기가 잘못되고 괴로워하는 편을 택한다.
⑪ 많은 사람을 사귀지 못하고 친한 사람과만 가까이 한다.
⑫ 허황하고 과장된 말을 싫어한다.
⑬ 조그만 실수도 트집을 잡고 남의 거짓말을 못 참는다.
⑭ 지극히 일상적이고 상식적인 일에도 자신 없어 한다.
⑮ 남들이 인정하는데도 자기는 자기 자신을 멸시한다.

5 열등의식과 우월의식의 비교

 열등의식과 우월의식 사이에는 공통점과 차이점이 있습니다. 브닌나와 한나 사이에는 공통점이 있었습니다. 브닌나도 불안해 하고 한나도 불안해 했습니다. 브닌나는 자기가 자식들을 낳았어도 남편의 사랑을 한나에게 아주 빼앗기지나 않을까 하는 불안이 있었습니다. 한나도 자식을 못 낳았으니 남편의 사랑을 결국 브닌나에게 빼앗기지나 않을까 하는 불안이 있었습니다. 둘 다 자기 자신의 가치에 대해서 불안한 마음을 가지고 있었습니다.

열등의식과 우월의식의 공통점

열등의식과 우월의식의 공통점을 몇 가지 정리하면 다음과 같습니다.

① 자존감이 낮다.
② 자신감이 부족하다.
③ 비교를 잘한다.
④ 판단이 주관적이다.
⑤ 시기심이 강하다.
⑥ 외로움이 심각하다.
⑦ 불안감에 쉽게 사로잡힌다.
⑧ 남의 말에 민감하다.
⑨ 남을 잘 믿지 못한다.
⑩ 대인관계가 원만하지 못하다.

열등의식과 우월의식의 차이점

브닌나와 한나 사이에는 또한 현저한 차이점이 있었습니다. 브닌나는 자기 강점을 가지고 한나의 약점을 공격하여 한나를 괴롭게 했습니다. 한나는 브닌나의 강점을 가지고 자기 약점을 공격하여 자기 자신을 괴롭게 했습니다. 열등의식과 우월의식의 차이점을 몇 가지 정리하면 다음과 같습니다.

열등의식	우월의식
① 자신의 약점에 집착한다	① 자신의 강점에 집착한다
② 자신의 약점을 공격한다	② 상대방의 약점을 공격한다
③ 자신을 괴롭힌다	③ 상대방을 괴롭힌다
④ 자신을 멸시한다	④ 상대방을 멸시한다
⑤ 자신을 숨긴다	⑤ 자신을 과시한다
⑥ 자신 없게 말한다	⑥ 자신 있게 말한다
⑦ 잘 운다	⑦ 잘 웃는다
⑧ 동정을 잘 받는다	⑧ "왕따"를 잘 당한다
⑨ 까다롭다.	⑨ 대범하다.
⑩ 활동이 적다.	⑩ 활동이 많다.
⑪ 방어적이다	⑪ 공격적이다
⑫ 소극적이다	⑫ 적극적이다

6 열등의식으로 병든 자화상 고치기

한나가 자신의 열등의식을 극복했을까요? 울음을 그쳤을까요? 음식을 먹기 시작했을까요? 슬픔을 이겨냈을까요? 남편 엘가나가 "어찌하여 울며 어찌하여 먹지 아니하며 어찌하여 그대의 마음이 슬프냐?" 하는 말을 더 이상 할 필요가 없게 되었을까요? 사무엘상 1:18에 그 답이 나옵니다.

"이르되 당신의 여종이 당신께 은혜 입기를 원하나이다 하고 가서 먹고 얼굴에 다시는 근심 빛이 없더라."

한나가 열등의식을 어떻게 떨쳐버렸을까요? 사무엘상 1:10에 그 비밀이 있습니다.

"한나가 마음이 괴로워서 여호와께 기도하고 통곡하며."

마음이 괴로울 때 그 마음을 이해하고 위로해 주시는 하나님께 나아가야 합니다. 하나님께 기도해야 합니다. 하나님 앞에서 통곡하며 아픈 마음을 쏟아놓아야 합니다. 1:11에서 한나는 비장한 각오로 서원기도를 했습니다.

"서원하여 이르되 만군의 여호와여 만일 주의 여종의 고통을 돌보시고 나를 기억하사 주의 여종을 잊지 아니하시고 주의 여종에게 아들을 주시면 내가 그의 평생에 그를 여호와께 드리고 삭도를 그의 머리에 대지 아니하겠나이다."

한나는 오랫동안 기도했습니다. 마음이 풀릴 때까지, 확신을 가질 때까지 오랫동안 기도했습니다.

자신의 문제를 하나님께 맡기고 기도하는 사람은 주님이 치료해 주시는 은혜를 체험할 수 있습니다. 기도하고 난 한나는 달라져 있었습니다. 심지어 오해를 받아도 상처를 받지 않을 만큼 회복되어 있었습니다. 1:12 이하를 보십시오. 엘리 제사장이 한나가 입술만 움직이고 소리는 내지 않고 기도하는 모습을 보고 술 취한 것으로 오해를 하여 1:14에서 "네가 언제까지 취하여 있겠느냐 포도주를 끊으라" 하고 말했습니다.

전 같으면 큰 상처를 받고 더 크게 울었을지 모릅니다. 그러나

1:15-16을 보십시오. 한나는 자신의 모습을 있는 그대로 보여주고 있습니다.

"한나가 대답하여 이르되 내 주여 그렇지 아니하니이다 나는 마음이 슬픈 여자라 포도주나 독주를 마신 것이 아니요 여호와 앞에 내 심정을 통한 것뿐이오니 당신의 여종을 악한 여자로 여기지 마옵소서 내가 지금까지 말한 것은 나의 원통함과 격분됨이 많기 때문이니이다 하는지라."

한나는 이제 남의 말에 귀를 기울일 수 있게 되었습니다. 한나는 엘리 제사장이 오해를 풀도록 잘 참고 설명을 했습니다. 엘리 제사장이 오해를 풀고 한나에게 하는 말을 그대로 받아들였습니다. 1:17-18을 보십시오.

"엘리가 대답하여 이르되 평안히 가라 이스라엘의 하나님이 네가 기도하여 구한 것을 허락하시기를 원하노라 하니 이르되 당신의 여종이 당신께 은혜 입기를 원하나이다 하고 가서 먹고 얼굴에 다시는 근심 빛이 없더라."

한나는 기도했습니다. 확신했습니다. 그리고 새 사람이 되었습니다. 열등의식은 축소시킨 자화상을 실제의 크기로 고쳐 놓아야 치료될 수 있습니다. 자신의 실상을 정직하게 인식하고 인정하고 용납하고 용서하고 사랑할 수 있어야 해결됩니다. 이것은 저절로 되는 일이 아닙니다. 자기 힘으로 고치기 어렵습니다. 주님의 도우심이 필요합니다. 열등의식으로 병든 자화상을 고치는 방법을 소개하겠습니다.

① 주님 앞에 나아가 치료와 도움을 구하십시오.

② 괴로운 마음을 그대로 표현하십시오.

③ 하나님의 위로를 체험하십시오.

④ 하나님의 용납(acceptance)을 경험하십시오.

⑤ 하나님의 사랑을 실감하십시오.

⑥ 하나님의 인격과 능력을 신뢰하십시오.

⑦ 움츠리고 있는 자신을 펴십시오.

⑧ 당신을 사랑하는 사람들을 신뢰하십시오.

⑨ 당신을 힘들게 하는 사람들을 객관적으로 판단하십시오.

⑩ 자화상이 건강한 사람들과 폭넓은 교제를 나누십시오.

⑪ 받은 은사들을 개발하여 적극적으로 섬기십시오.

⑫ 할 수 있는 일을 찾아 성취감을 갖도록 하십시오.

⑬ 할 수 없는 일은 지혜롭게 거절하십시오.

⑭ 즐거운 일들을 찾아 활동적인 삶을 사십시오.

⑮ 자신을 과소평가하고 멸시하는 것은 죄라고 생각하십시오.

7 닫는 글

한나가 열등의식을 해결한 것은 사무엘을 임신하기 전이었습니까 아니면 사무엘을 낳은 후였습니까? 한나는 1:18에서 이미 치유되었습니다. 그는 열등의식으로 병든 자화상을 고치고 건강한 자화상을 회복한 모습으로 집에 돌아갔습니다. 열등의식으로 병든 자화상 때문에 고민하는 분들이 있다면 주님 앞에서 치유 받도록 주님께서 은혜 베풀어주시기를 간구합니다. 주님 안에서 건강한 삶을 누리시기를 축복합니다.

열등의식의 자기 방어 방법은 실제적인 효과가 없는 법

움츠린 자화상은 병든 자화상

성령의 은혜로 고칩시다!

개인복습과 그룹토의 및 적용을 위한 질문들

1. 열등의식이 무엇인지 설명해 보십시오.

2. 열등의식의 증상들 가운데 당신에게서 발견되는 것은 무엇입니까?

3. 열등의식과 우월의식의 공통점을 말씀해 보십시오.

4. 열등의식과 우월의식의 차이점을 열거해 보십시오.

5. 한나가 열등의식을 어떻게 해결했는지 정리하여 말해 보십시오.

6. 열등의식으로 병든 자화상을 고치기 위한 제안 중에서 어떤 것을 받아들이겠습니까?

7. 새롭게 깨달은 바를 당신의 삶에 어떻게 적용하겠습니까?

5. 비교의식과 자화상

⁶·무리가 돌아올 때 곧 다윗이 블레셋 사람을 죽이고 돌아올 때에 여인들이 이스라엘 모든 성읍에서 나와서 노래하며 춤추며 소고와 경쇠를 가지고 왕 사울을 환영하는데 ⁷·여인들이 뛰놀며 노래하여 이르되 사울이 죽인 자는 천천이요 다윗은 만만이로다 한지라 ⁸·사울이 그 말에 불쾌하여 심히 노하여 이르되 다윗에게는 만만을 돌리고 내게는 천천만 돌리니 그가 더 얻을 것이 나라 말고 무엇이냐 하고 ⁹·그 날 후로 사울이 다윗을 주목하였더라 ¹⁰·그 이튿날 하나님께서 부리시는 악령이 사울에게 힘 있게 내리매 그가 집 안에서 정신없이 떠들어대므로 다윗이 평일과 같이 손으로 수금을 타는데 그 때에 사울의 손에 창이 있는지라 ¹¹·그가 스스로 이르기를 내가 다윗을 벽에 박으리라 하고 사울이 그 창을 던졌으나 다윗이 그의 앞에서 두 번 피하였더라 ¹²·여호와께서 사울을 떠나 다윗과 함께 계시므로 사울이 그를 두려워한지라 ¹³·그러므로 사울이 그를 자기 곁에서 떠나게 하고 그를 천부장으로 삼으매 그가 백성 앞에 출입하며 ¹⁴·다윗이 그의 모든 일을 지혜롭게 행하니라 여호와께서 그와 함께 계시니라 ¹⁵·사울은 다윗이 크게 지혜롭게 행함을 보고 그를 두려워하였으나 ¹⁶·온 이스라엘과 유다는 다윗을 사랑하였으니 그가 자기들 앞에 출입하기 때문이었더라

○ 사무엘상 18:6~16

1 여는 글

아들 개구리가 놀러 나갔다가 소를 만나 소의 입이 큰 것을 보고 놀라서 집에 돌아와 엄마 개구리에게 그 이야기를 했습니다. 엄마 개구리는 자기 입이 세상에서 제일 큰 줄로만 알고 있다가 소의 입이 더 크다는 말을 듣고는 성형외과에 가서 입을 크게 수술했습니다. 그리고는 소에게 가서 입의 크기를 비교하여 보았습니다. 수술 자리가 몹시 아팠지만 자기 입이 좀더 큰 것을 확인하고는 겨우 마음을 놓았습니다.

며칠 후에 아들 개구리가 놀러 나갔다가 이번에는 하마 입을 보고 놀라서 집에 돌아와 엄마에게 말했습니다. 엄마 개구리는 또 다시 성형외과에 가서 하마 입보다 좀더 크게 수술해 달라고 했습니다. 의사는 개구리 입을 하마 입보다 더 크게 찢으면 죽을지도 모른다고 경고했습니다. 엄마 개구리는 죽어도 좋으니 수술해 달라고 했습니다. 의사는 할 수 없이 개구리 입을 하마보다 좀더 크게 수술해 주었습니다. 엄마 개구리는 아파서 견딜 수 없으면서도 하마에게 가서 자기 입과 크기를 비교해 보고 하마보다 약간 더 큰 것을 확인하고는 겨우 마음을 가다듬었습니다.

엄마 개구리의 입 수술 자리가 겨우 아물려고 할 때 아들 개구리가 멀리 놀러 갔다가 이번에는 악어 입을 보고 와서 엄마에게 말했습니다. 엄마 개구리는 또 다시 의사에게 가서 악어 입보다 더 크게 수술해 달라고 했습니다. 의사는 펄쩍 뛰면서 개구리 입을 악어 입보다 더 크게 찢어놓으면 진짜 죽을지도 모른다고 했습니다. 만일 산다 해도 하루밖에는 살지 못할 것이라고 경고했습니다. 그러나 엄마 개구리는 단 하루를 살다 죽어도 좋으니 악어보다 더 큰 입을 가져보고 싶다고 했습니다. 결국 의사는 엄마 개구리의 입을 악어보다 더 크게 수술해 주었습니다. 엄마 개구리는 아직 수술에서 회복도 되지 않은 입을 가지고 악어네 집을 찾아갔습니다. 누구 입이 더 큰가 비교해 보고 싶었기 때문이었습니다. 그런데 힘들게 악어네 집에 도착해 보니 대문에 "출타 중! 삼일 후 귀가 예정!"이라고 쓰여 있었습니다.

2 비교의식의 정의

비교한다는 것이 무엇입니까? 비교한다는 말은 "어떤 인물이나 사물을 다른 대상과 나란히 놓고 서로 비슷한 점과 다른 점을 알아보는 것"을 의미합니다. 이러한 비교 자체는 좋은 것도 나쁜 것도 아닙니다. 그렇게 비교하는 사람의 동기가 어떠한가, 비교한 결과에 대해서 어떻게 반응하는가에 따라서 유익을 얻을 수도 있고 해를 받을 수도 있습니다. 비교의 결과를 놓고 자신의 약점을 발견하여 건설적으로 고치고, 장점을 발견하여 바람직하게 발전시킨다면, 비교하는 일이 인격적으로 건강한 성숙에 이르는 데 도움이 됩니다.

그러나 비교한 결과로 인하여 우월의식에 빠지거나 열등의식에 빠지게 되면 그 비교는 파괴적인 것이 될 수 있습니다. 또한 우월의식이나 열등의식에서 나오는 습관적인 비교는 병적인 것이 될 수 있습니다. 비교의식은 바로 "우월의식이나 열등의식으로 빠져 들어가게 하는 파괴적인 비교의 태도," 또는 "우월의식이나 열등의식에서 나오는 병적인 비교의 태도"를 가리킵니다.

3 비교의식을 가진 성경인물: 사울

사무엘상 18:6-16에 나타나는 사울 왕의 태도와 말과 행동을 주의 깊게 살펴보면 그에게서 비교의식의 증상이 나타나고 있습니다. 18:6은 다윗이 블레셋 거장 골리앗을 죽이고 개선장군이 되어 사울 왕과 함께 돌아올 때 이스라엘 여인들이 나와서 열렬히 환영하는 장면을 보여주고 있습니다. 18:7에서 사울 왕은 열등하게 비교 당하고 있습니다.

"여인들이 뛰놀며 노래하여 이르되 사울이 죽인 자는 천천이요 다윗은 만만이로다 한지라."

사울 왕은 이것을 참을 수 없었습니다.
18:8-9에서 사울 왕은 어떤 반응을 보이고 있습니까?

"사울이 그 말에 불쾌하여 심히 노하여 이르되 다윗에게는 만만을 돌리고 내게는 천천만 돌리니 그가 더 얻을 것이 나라 말고 무엇이냐 하고 그 날 후로 사울이 다윗을 주목하였더라."

그는 열등하게 비교 당할 때 불쾌한 감정이 지나쳐서 심히 분노하였습니다. 그는 신경질적으로 극단적인 말을 했습니다. 다윗이 자기 왕위를 노린다는 것이었습니다. 그는 비교의 결과에 민감했습니다. 그 날 이후로 다윗을 해치기 위해서 주목했습니다.

과연 사울은 일을 저질렀습니다. 자기를 위해 애쓰는 다윗을 죽이려고 했습니다.

"그 이튿날 하나님께서 부리시는 악령이 사울에게 힘 있게 내리매 그가 집 안에서 정신 없이 떠들어대므로 다윗이 평일과 같이 손으로 수금을 타는데 그 때에 사울의 손에 창이 있는지라 그가 스스로 이르기를 내가 다윗을 벽에 박으리라 하고 사울이 그 창을 던졌으나 다윗이 그의 앞에 서 두 번 피하였더라" (삼상 18:10-11).

사울의 비교의식은 결국 그로 하여금 악신에 사로잡히게 하였습니다. 18:12은 여호와 하나님께서 사울을 떠나 다윗과 함께 계셨기 때문에 사울 왕이 다윗을 두려워하였다고 증거하고 있습니다. 사울 왕은 불합리한 두려움에 사로잡혔습니다.

"그러므로 사울이 그를 자기 곁에서 떠나게 하고 그를 천부장으로 삼으매 그가 백성 앞에 출입하며 다윗이 그의 모든 일을 지혜롭게 행하니라 여호와께서 그와 함께 계시니라 사울은 다윗이 크게 지혜롭게 행함을 보고 그를 두려워하였으나 온 이스라엘과 유다는 다윗을 사랑하였으니 그가 자기들 앞에 출입하기 때문이었더라"(삼상 18:13-16).

충신 다윗을 합당한 이유 없이 두려워하여 자기 곁에서 떠나게 하였습니다. 다윗이 지혜롭게 행하는 것을 보고 기뻐해야 할 그는 오히려 두려워하였습니다. 하나님이 다윗과 함께 계시는 것을 보고 즐거워해야 할 그는 오히려 두려워했습니다. 열등의식에서 나오는 사울 왕의 비교의식은 그를 제정신이 아닌 사람으로 만들었습니다. 온 백성이 기뻐하는 다윗을 보고 그는 두려움에 사로잡혔습니다. 사울 왕의 비교의식은 열등의식과 연결되어 있었던 것으로 진단됩니다. 그의 비교의식은 그를 환자의 상태로 몰아가는 데 기여한 것으로 보입니다.

4 비교의식의 증상

비교의식의 증상은 다음과 같이 나타날 수 있습니다.

① 자신을 상대방과 습관적으로 비교한다.

② 비교하는 말을 자주 한다.

③ 비교의 결과에 민감하다.

④ 우월하게 비교되기를 지나치게 추구한다.

⑤ 열등하게 비교 당하는 것을 못 참는다.

⑥ 자주 증오심을 표출한다.

⑦ 파괴적인 말을 자주 사용한다.

⑧ 극단적인 말을 자주 한다.

⑨ 돌발적으로 파괴적인 행동을 취한다.

⑩ 신경질을 자주 부린다.

⑪ 비꼬는 말을 잘 한다.

⑫ 자주 분노한다.

⑬ 자주 좌절한다.
⑭ 불합리한 두려움에 사로잡힌다.
⑮ 대인관계가 부담스럽다.

5 비교의식으로 병든 자화상 고치기

비교의식은 그것이 우월의식에 연결되었든지 아니면 열등의식에 연결되었든지 신앙과 인격을 파괴하는 방향으로 이끌어갑니다. 비교의식은 치료받아야 할 정신과 질환입니다. 비교의식도 역시 잘못 그려진 자화상을 고쳐야 치료될 수 있습니다. 자화상이 실제보다 축소된 열등의식에 사로잡혀 있다면 실제의 모습으로 회복시켜야 합니다. 자화상이 실제보다 확대된 우월의식에 사로잡혀 있는 경우에도 실제의 모습으로 회복시켜야 합니다. 비교의식은 자화상을 부풀리거나 움츠러들게 하는 촉매제가 됩니다. 또한 우월의식과 열등의식은 비교의식을 강화시키는 작용을 합니다. 비교의식의 치료방법은 다음과 같습니다.

① 비교하는 습관을 경계하십시오.

② 우월의식을 점검하여 해결하십시오.

③ 열등의식을 점검하여 해결하십시오.

④ 당신의 모습 그대로 받으시는 주님을 신뢰하십시오.

⑤ 당신의 장점을 찾아 발전시키십시오.

⑥ 당신의 단점을 솔직히 인정하고 고쳐 나아가십시오.

⑦ 남들의 장점을 인정하고 칭찬하는 연습을 하십시오.

⑧ 남들의 단점을 용납하고 고치도록 건설적으로 격려하십시오.

⑨ 당신이 실제로 할 수 있는 일들을 찾아서 성취하십시오.

⑩ 성숙한 신앙 선배에게 멘토를 받아 성장해 나아가십시오.

6 닫는 글

사울 왕은 일평생 그의 비교의식을 고치지 못하고 무덤까지 가지고 갔습니다. 그의 비교의식은 그에게서 하나님이 떠나시게 만들었습니다. 건강한 비교와 병적인 비교의식은 차이가 있습니다. 파괴적인 비교의식은 우리의 신앙성장에 심각한 장애가 됩니다. 대인관계에 막대한 피해를 입힐 수 있습니다. 병적이고 파괴적인 비교의식을 벗어 던지고 건강한 비교를 통해서 주님을 닮아가게 되기를 원합니다. 우리가 성령 안에서 건강한 신앙성장을 추구할 때 병적인 비교의식에서 자유할 수 있습니다. 비교의식에서 자유하기를 주님의 이름으로 축복합니다.

건강한 비교, 건강한 성숙
병적인 비교의식, 심각한 장애
성령의 은혜로 자화상을 고칩시다!

개인복습과 그룹토의 및 적용을 위한 질문들

1. 비교의식이 무엇인지 설명해 보십시오.

2. 사울 왕에게서 관찰되는 비교의식의 증상들을 열거해 보십시오.

3. 비교의식의 증상들 가운데 당신에게 해당되는 것은 무엇입니까?

4. 비교의식으로 병든 자화상을 고치기 위한 제안 중 무엇을 받아들이겠습니까?

5. 사울 왕의 비교의식은 어떤 결과를 초래했는지 성경의 기록을 근거로 말해 보십시오.

6. 당신 자신이 비교의식으로 인해 상처를 주고받은 경험을 함께 나누어 보십시오.

7. 새롭게 깨달은 바를 당신의 삶에 어떻게 적용하겠습니까?

6. 체면의식과 자화상

¹⁰·여호와의 말씀이 사무엘에게 임하니라 이르시되 ¹¹·내가 사울을 왕으로 세운 것을 후회하노니 그가 돌이켜서 나를 따르지 아니하며 내 명령을 행하지 아니하였음이니라 하신지라 사무엘이 근심하여 온 밤을 여호와께 부르짖으니라 ¹²·사무엘이 사울을 만나려고 아침에 일찍이 일어났더니 어떤 사람이 사무엘에게 말하여 이르되 사울이 갈멜에 이르러 자기를 위하여 기념비를 세우고 발길을 돌려 길갈로 내려갔다 하는지라 ¹³·사무엘이 사울에게 이른즉 사울이 그에게 이르되 원하건대 당신은 여호와께 복을 받으소서 내가 여호와의 명령을 행하였나이다 하니 ¹⁴·사무엘이 이르되 그러면 내 귀에 들려오는 이 양의 소리와 내게 들리는 소의 소리는 어찌 됨이니이까 하니라 ¹⁵·사울이 이르되 그것은 무리가 아말렉 사람에게서 끌어 온 것인데 백성이 당신의 하나님 여호와께 제사하려 하여 양들과 소들 중에서 가장 좋은 것을 남김이요 그 외의 것은 우리가 진멸하였나이다 하는지라 ¹⁶·사무엘이 사울에게 이르되 가만히 계시옵소서 간밤에 여호와께서 내게 이르신 것을 왕에게 말하리이다 하니 그가 이르되 말씀하소서

17. 사무엘이 이르되 왕이 스스로 작게 여길 그 때에 이스라엘 지파의 머리가 되지 아니하셨나이까 여호와께서 왕에게 기름을 부어 이스라엘 왕을 삼으시고 18. 또 여호와께서 왕을 길로 보내시며 이르시기를 가서 죄인 아말렉 사람을 진멸하되 다 없어지기까지 치라 하셨거늘 19. 어찌하여 왕이 여호와의 목소리를 청종하지 아니하고 탈취하기에만 급하여 여호와께서 악하게 여기시는 일을 행하였나이까 20. 사울이 사무엘에게 이르되 나는 실로 여호와의 목소리를 청종하여 여호와께서 보내신 길로 가서 아말렉 왕 아각을 끌어 왔고 아말렉 사람들을 진멸하였으나 21. 다만 백성이 그 마땅히 멸할 것 중에서 가장 좋은 것으로 길갈에서 당신의 하나님 여호와께 제사하려고 양과 소를 끌어 왔나이다 하는지라 22. 사무엘이 이르되 여호와께서 번제와 다른 제사를 그의 목소리를 청종하는 것을 좋아하심 같이 좋아하시겠나이까 순종이 제사보다 낫고 듣는 것이 숫양의 기름보다 나으니 23. 이는 거역하는 것은 점치는 죄와 같고 완고한 것은 사신 우상에게 절하는 죄와 같음이라 왕이 여호와의 말씀을 버렸으므로 여호와께서도 왕을 버려 왕이 되지 못하게 하셨나이다 하니

²⁴·사울이 사무엘에게 이르되 내가 범죄하였나이다 내가 여호와의 명령과 당신의 말씀을 어긴 것은 내가 백성을 두려워하여 그들의 말을 청종하였음이니이다 ²⁵·청하오니 지금 내 죄를 사하고 나와 함께 돌아가서 나로 하여금 여호와께 경배하게 하소서 하니 ²⁶·사무엘이 사울에게 이르되 나는 왕과 함께 돌아가지 아니하리니 이는 왕이 여호와의 말씀을 버렸으므로 여호와께서 왕을 버려 이스라엘 왕이 되지 못하게 하셨음이니이다 하고 ²⁷·사무엘이 가려고 돌아설 때에 사울이 그의 겉옷자락을 붙잡으매 찢어진지라 ²⁸·사무엘이 그에게 이르되 여호와께서 오늘 이스라엘 나라를 왕에게서 떼어 왕보다 나은 왕의 이웃에게 주셨나이다 ²⁹·이스라엘의 지존자는 거짓이나 변개함이 없으시니 그는 사람이 아니시므로 결코 변개하지 않으심이니이다 하니 ³⁰·사울이 이르되 내가 범죄하였을지라도 이제 청하옵나니 내 백성의 장로들 앞과 이스라엘 앞에서 나를 높이사 나와 함께 돌아가서 내가 당신의 하나님 여호와께 경배하게 하소서 하더라 ³¹·이에 사무엘이 돌이켜 사울을 따라가매 사울이 여호와께 경배하니라

○ 사무엘상 15:10~31

1 여는 글

한국 역사에서 조선왕조는 1392년 7월 17일 태조 이성계가 수창궁에서 즉위함으로 시작하여 제27대 왕인 순종 3년 곧 1910년 8월 22일에 한일합방조약을 맺고, 8월 29일에 그 조약을 발표하고 순종이 나라의 주권을 일본에 양도함으로써 518년 1개월 12일 만에 그 막을 내렸습니다. 조선왕조 제22대 왕 정조 11년인 1787년에 일어났던 사건이었습니다.

구씨 성을 가진 부인이 남편의 장례를 마치고 삼년상을 치르는 중이었습니다. 그런 구씨 부인이 바람을 피웠다는 소문이 돌았습니다. 이 소문을 구씨 부인의 시숙인 이언씨가 들었습니다. 시숙 이언씨에게는 제수씨인 구씨가 실제로 바람을 피웠느냐 피우지 않았느냐는 문제가 되지 않았습니다. 그에게는 자기 가문에 누를 끼쳤느냐 끼치지 않았느냐가 문제였습니다. 이언씨는 제수씨의 친정오빠인 구성대씨와 비밀리에 의논하고 구씨 부인을 죽이기로 합의하였습니다. 구씨 부인이 바람을 피운 증거가 있는지 없는지 확인하지 않은 채로 죽일 것을 결정한 것이었습니다. 사실이야 어찌 되었든지 일단 바람을 피웠다는 소문이 난 것만으로도 가문에 누를 끼쳤으니 구씨 부인을 죽여서 가문의 "체면"을 살려야 한다는 것이었습니다.

구씨의 친정오빠인 구성대씨의 도움을 받아서 구씨의 시숙인 이언씨는 마을 사람들이 지켜보는 가운데 구씨 부인을 끌고 강가로 나갔습니다. 구성대씨는 칡넝쿨로 여동생인 구씨 부인의 입에 재갈을 물리자고 제안을 했습니다. 그리고 사돈인 이언씨를 도와 상복 띠로 구씨 부인의 몸을 묶었습니다. 이언씨가 구씨 부인의 몸에 큰 돌을 함께 묶어 강물에 빠뜨리는 동안에 구성대씨는 구씨 부인에게 마구 주먹질과 발길질을 했습니다. 이언씨와 구성대씨는 구씨 부인을 강물 속에 밀어 넣고 나서 그 몸 위에 열 개도 넘는 바윗돌들을 가져다가 쌓아두었습니다. 구씨 부인은 입에 재갈을 물고 손발과 몸이 묶인 채로 강물 속에 잠겨 숨지고 말았습니다.

이언씨와 구성대씨는 숨진 구씨 부인의 시신을 건져내어 입에 재갈을 물리고 몸을 묶은 채로 관도 사용하지 않고 매장했습니다. 이언씨와 구성대씨가 행한 일이 관가에 알려졌습니다. 두 사람은 살인죄로 체포되어 감옥에 갇혔습니다. 재판이 진행되는 동안 구성대씨는 감옥에서 병을 얻어 죽었습니다. 둘 다 살인죄가 인정되어 사형언도를 받았습니다. 그러나 이 사건을 담당했던 관리들은 살인사건 하나에 두 사람을 사형에 처해서는 안 된다는 의견을 모았습니다. 구성대씨가 이미 죽었으므로 이언씨는 엄한 매를 맞고 1790년에 풀려났습니다. 이언씨가 옥에서 풀려날 때 나이가 71세였습니다.^{주)}

구씨 사건은 우리에게 여러 가지 생각을 하게 만듭니다. 그 당시 조선왕조 사회에 유교의 수치문화가 얼마나 뿌리 깊게 자리를 잡았는가, 한 인간으로서의 개인적인 권리와 존엄성이 한 가문의 체면 앞에 얼마나 힘이 없었는가, 식구 개개인의 인권보다는 가문의 전통이 얼마나 중요했는가, 식구 개개인의 이름보다는 가문의 이름이 얼마나 높은 위치에 있었는가, 수치심이 유교문화의 사회에서 얼마

주) 이 사건은 정조 11년인 1791년에 편찬된 추관지에 실려 있다. 추관지는 당시의 재판사건을 기록해 둔 판례집이었다. 이 추관지는 우리나라 법제처에서 1976년에 현대 한글로 번역하여 출판했다. 구씨 부인 사건은 그 책 340-347쪽에 실려 있다. 저자는 1989년 박사 학위 논문을 쓰면서 이 사건을 읽고 영어로 번역하여 192-193쪽에 인용했다.

나 절대적인 가치기준이 되었는가, 수치심이 죄책감보다 얼마나 무서운 힘을 가졌는가, 개인적인 수치심보다 집단적인 수치심이 얼마나 강력했던가를 충분히 짐작할 수 있습니다.

2 죄책감과 수치심의 구별

서양의 심리학에서는 죄책감과 수치심의 구별이 있습니다. 죄책감은 "자기가 어떤 표준을 실제로 어기거나, 그렇다고 생각하는 일에 한정해서 그 결과에 대해 스스로 자신에게 벌을 가하는 방향으로 느끼는 고통스런 감정"[주1]을 가리킵니다. 한편 수치심은 "남들이 자기 자신에 대해서 실제로 부정적인 판단을 하거나, 그렇다고 생각하는 일 때문에 자신의 인격과 자신이 속한 그룹 전체가 치명상을 입었다고 느끼는 견딜 수 없는 불쾌감"[주2]을 의미합니다.

주1) 내래모어(S. B. Narramore)는 죄책감을 객관적인 죄책감과 주관적인 죄책감으로 나누어 설명하고 있다. 그에 따르면 객관적인 죄책감(objective guilt)은 인간의 법이나 하나님의 법을 어긴 사람의 상태를 가리킬 수 있다. 한편 주관적인 죄책감(subjective guild)는 다시 신경증적인 죄책감인 자기정죄적 감정과 사랑에 근거한 자기훈련적 감정(하나님의 뜻대로 하는 근심)으로 나누어진다. David G. Brenner, editor, *Baker Encyclopedia of Psychology*, Grand Rapids, Michigan: Baker Book House, 1985, p.486을 보라. 그 밖에도 몇몇 심리학자들의 정의들을 참고하여 일반 회중이 이해하기 쉽도록 이렇게 단순하게 정리했다.
주2) Op. cit., "Shame" by R. L. Timpe, pp.1704-1705

수치심은 죄책감보다 범위가 더 넓습니다. 죄책감은 하나님의 절대적인 도덕적 표준이든지, 사회적 규범이든지, 자신이 정한 어떤 기준이든지 간에 자기가 그 표준을 어긴 데 대해서 한정적으로 느끼는 감정입니다. 이에 반하여 수치심은 남들이 자기에 대해서 부정적으로 판단하는, 또는 그렇게 생각하는 일 때문에 자신의 인격과 자신이 속한 그룹 전체에 대해서 느끼는 감정입니다.

수치심은 죄책감보다 강도가 더 큽니다. 수치심은 죄책감보다 훨씬 강합니다. 수치심은 죄책감보다 더 극단적입니다. 수치심은 죄책감보다 비이성적인 행동을 유발하기가 더 쉽습니다.

수치심과 죄책감은 느끼는 방향이 반대입니다. 수치심은 밖으로 느끼는 데 반하여 죄책감은 안으로 느낍니다. 수치심은 밖으로 향하고 죄책감은 안으로 향합니다. 수치심은 자기 밖에서 남들이 자신의 약점을 보는 것을 부끄럽게 느끼는 데 비해 죄책감은 자기 속에서 자기 양심이 자기를 보는 것을 부끄럽게 느낍니다. 수치심은 남들이 안 보면 무디어집니다. 죄책감은 자기 양심이 안 보면 무디어집니다.

수치심과 죄책감은 느끼는 부위가 다릅니다. 수치심은 주로 얼굴로 느낍니다. 수치심은 자기 얼굴이 붉어지게 하고, 남의 시선을 피하게 하고, 얼굴을 가리게 하고, 몸 둘 바를 모르게 합니다. 그러나 죄책감은 가슴으로 느낍니다. 심장이 뛰게 하고, 가슴을 매우 답답하게 합니다. 수치심과 죄책감은 추구하는 일이 다릅니다. 수치심은 살인이나 자살 등 불합리하고 극단적인 행동을 자극하는 경향이 있습니다. 죄책감은 책임을 생각하고 보상을 하도록 격려하는 경향이 있습니다.

죄책감은 수치심을 유발합니다. 실수와 허물과 죄에 근거한 죄책감은 자연스럽게 수치심을 불러일으킵니다. 자기 약점과 잘못을 인정하는 곳에서 부끄러움을 느끼는 것은 당연한 일입니다.

불합리한 죄책감과 수치심은 해롭습니다. 정확한 근거가 있고, 마땅히 느껴야 할 정도와 범위 안에서 죄책감과 수치심을 느끼는 것은 건강한 것입니다. 그러나 합당한 근거와 정도와 범위를 벗어나는 죄책감과 수치심은 큰 해를 가져다줍니다.

물론 이러한 구별이 절대적인 것은 아닙니다. 적지 않은 경우 죄책감과 수치심이 뒤섞인 경험을 합니다. 문화와 개인차이도 염두에 두고 고려해야 안전할 것입니다.[주]

주) 죄책감과 수치심의 비교에 관하여는 G. Piers and M. B. Singer, *Shame and Guilt*, Springfield, Illinois: Charles C. Thomas Publisher, 1953이 단연 독보적인 자료가 된다. 특히 14쪽의 Guilt Axis와 Shame Axis를 보라.

3 체면과 체면의식의 정의

그렇다면 체면은 무엇일까요? 체면은 "남들 앞에 떳떳하게 나타내 보일 몸체와 얼굴"을 의미합니다. 인격과 행실이 일치되는 체면은 우리 모두가 갖추어야 할 재산입니다. 성숙한 인격과 책임 있는 행실은 체면을 건강하게 세웁니다. 덕을 세우고 선을 이루는 말과 행동은 체면을 유지하게 합니다.

그러나 덕스럽지 못한 생각과 말과 행동은 체면을 잃게 합니다. 부도덕한 언행으로 체면을 잃었을 경우에는 그 잘못을 인식하고 인정하고 뉘우치고 고치면 체면을 회복하게 됩니다. 선을 행하면 떳떳하게 낯을 들고 다닐 수 있습니다. 그러나 악을 행하고 죄를 지으면 부끄러워 낯을 들 수 없게 됩니다. 이러한 현상은 양심과 가치관이 건전하다는 증거입니다.

그러면 체면의식은 또 무엇일까요? 체면의식은 "인격과 행실이 일치되지 않는 부당하고 불합리한 방법으로 체면을 유지하거나 회복하고자 하는 병적인 사고방식"을 의미합니다. 체면의식은 체면을 유지하는 데에만 급급합니다. 체면의식은 인격이 뒷받침되지 않는 방법을 사용합니다. 체면의식은 말과 행동에 거짓과 위선을 섞어 넣습니다. 체면의식은 눈가림을 하게 만듭니다. 체면의식은 현실을 무시합니다. 체면의식은 실속이 없는 말과 행동을 취하게 합니다. 결국 많은 손해를 보게 만들 수도 있습니다. 체면의식은 헛된 힘만 쓰고 마는 결과를 가져다줍니다. 체면의식은 철저히 수치심과 연결되어 있습니다. 체면의식은 건강치 못한 것입니다.

4 체면의식에 사로잡힌 성경인물: 사울

사무엘상 15:10-31은 사울 왕이 아말렉 사람들을 치고 돌아온 장면을 보여주고 있습니다. 그는 아말렉 사람들과 그들의 짐승들을 전부 죽이라는 명령을 받고 갔으나 아말렉 왕과 짐승의 일부를 살려서 데리고 왔습니다. 15:10-12을 보면 하나님께서 사무엘 선지자에게 사울 왕이 하나님의 명령을 완전하게 순종하지 않은 것을 슬퍼하시며 그 사실을 알려주셨습니다. 사무엘이 사울 왕에게 갔을 때 사울이 보여준 행동과 태도에는 체면의식의 증상이 선명하게 나타나고 있습니다. 사울은 이미 알고 온 사무엘에게 거짓말을 했습니다.

"사무엘이 사울에게 이른즉 사울이 그에게 이르되 원하건대 당신은 여호와께 복을 받으소서 내가 여호와의 명령을 행하였나이다 하니"(삼상 15:13).

사무엘은 거짓말을 하는 사울에게 직언을 했습니다.

"사무엘이 이르되 그러면 내 귀에 들려오는 이 양의 소리와 내게 들리는 소의 소리는 어찌 됨이니이까 하니라"(삼상 15:14).

사울 왕은 솔직하게 잘못을 인정하지 않았습니다. 회개하지 않았습니다. 그 대신에 명분을 세워서 변명을 하는 것이 15:15에 나옵니다.

"사울이 이르되 그것은 무리가 아말렉 사람에게서 끌어 온 것인데 백성이 당신의 하나님 여호와께 제사하려 하여 양들과 소들 중에서 가장 좋은 것을 남김이요 그 외의 것은 우리가 진멸하였나이다 하는지라."

사무엘은 단호하게 사울의 잘못을 지적하였습니다.

"사무엘이 사울에게 이르되 가만히 계시옵소서 간밤에 여호와께서 내게 이르신 것을 왕에게 말하리이다 하니 그가 이르되 말씀하소서 사무엘이 이르되 왕이 스스로 작게 여길 그 때에 이스라엘 지파의 머리가 되지 아니하셨나이까 여호와께서 왕에게 기름을 부어 이스라엘 왕을 삼으시고 또 여호와께서 왕을 길로 보내시며 이르시기를 가서 죄인 아말렉 사람을 진멸하되 다 없어지기까지 치라 하셨거늘 어찌하여 왕이 여호와의 목소리를 청종하지 아니하고 탈취하기에만 급하여 여호와께서 악하게 여기시는 일을 행하였나이까" (삼상 15:16-19).

그럼에도 불구하고 사울 왕은 여전히 앞뒤가 맞지 않는 뻔한 거짓말로 자기 방어를 했습니다.

"사울이 사무엘에게 이르되 나는 실로 여호와의 목소리를 청종하여 여호와께서 보내신 길로 가서 아말렉 왕 아각을 끌어 왔고 아말렉 사람들을 진멸하였으나 다만 백성이 그 마땅히 멸할 것 중에서 가장 좋은 것으로 길갈에서 당신의 하나님 여호와께 제사하려고 양과 소를 끌어 왔나이다 하는지라" (삼상 15:20-21).

사무엘은 다시 한번 사울 왕의 죄를 정확하게 지적하였습니다.

"사무엘이 이르되 여호와께서 번제와 다른 제사를 그의 목소리를 청종하는 것을 좋아하심 같이 좋아하시겠나이까 순종이 제사보다 낫고 듣는 것이 숫양의 기름보다 나으니 이는 거역하는 것은 점치는 죄와 같고 완고한 것은 사신 우상에게 절하는 죄와 같음이라 왕이 여호와의 말씀을 버렸으므로 여호와께서도 왕을 버려 왕이 되지 못하게 하셨나이다 하니"(삼상 15:22-23).

사울 왕은 진실한 회개보다는 변명으로 자기 방어를 하며 자기 체면을 세우기에 급했습니다.

"사울이 사무엘에게 이르되 내가 범죄하였나이다 내가 여호와의 명령과 당신의 말씀을 어긴 것은 내가 백성을 두려워하여 그들의 말을 청종하였음이니이다 청하오니 지금 내 죄를 사하고 나와 함께 돌아가서 나로 하여금 여호와께 경배하게 하소서 하니"(삼상 15:24-25).

사무엘은 굽히지 않았습니다.

"사무엘이 사울에게 이르되 나는 왕과 함께 돌아가지 아니하리니 이는 왕이 여호와의 말씀을 버렸으므로 여호와께서 왕을 버려 이스라엘 왕이 되지 못하게 하셨음이니이다 하고 사무엘이 가려고 돌아설 때에 사울이 그의 겉옷자락을 붙잡으매 찢어진지라 사무엘이 그에게 이르되 여호와께서 오늘 이스라엘 나라를 왕에게서 떼어 왕보다 나은 왕의 이웃에게 주셨나이다 이스라엘의 지존자는 거짓이나 변개함이 없으시니 그는 사람이 아니시므로 결코 변개하지 않으심이니이다 하니"(삼상 15:26-29).

이제 이 대목에서 사울 왕의 병적인 체면의식이 극명하게 드러나고 있습니다.

"사울이 이르되 내가 범죄하였을지라도 이제 청하옵나니 내 백성의 장로들 앞과 이스라엘 앞에서 나를 높이사 나와 함께 돌아가서 내가 당신의 하나님 여호와께 경배하게 하소서 하더라"(삼상 15:30).

"내가 범죄하였을지라도 이제 청하옵나니"라는 표현은 그가 진실한 회개를 하지 않았음을 암시하고 있는 것으로 해석됩니다. "내 백성의 장로들 앞과 이스라엘의 앞에서 나를 높이사"라는 말은 그가 하나님 앞에 겸손히 엎드리는 대신에, 사무엘의 충고를 정직하게 받아들이는 대신에, 장로들과 이스라엘 백성 앞에서 자기를 높여서 체면을 유지하려는 데에만 병적으로 집착하는 모습을 그대로 드러내 보여주고 있습니다.

15:31은 사무엘이 돌이켜 사울을 따라갔고 사울이 여호와께 경배했다고 기록하고 있습니다. 이것은 사무엘이 사울과 타협을 한 것이 아니었습니다. 15:32 이하를 보면 사무엘은 아말렉 사람들의 왕 아각을 죽임으로써 사울이 못한 순종을 하나님 앞에서 그가 대신했습니다. 15:34-35이 우리를 슬프게 하고 있습니다.

"이에 사무엘은 라마로 가고 사울은 사울 기브아 자기의 집으로 올라가니라 사무엘이 죽는 날까지 사울을 다시 가서 보지 아니하였으니 이는 그가 사울을 위하여 슬퍼함이었고 여호와께서는 사울을 이스라엘 왕으로 삼으신 것을 후회하셨더라."

5 체면의식의 증상

체면의식의 증상을 몇 가지로 정리하면 다음과 같습니다.
① 자기 나름의 표준을 정해 놓고 그것을 고수한다.
② 자신의 외모와 언행에 지나치게 신경을 쓴다.
③ 가족보다는 남들과의 관계에 지나치게 신경을 쓴다.
④ 실리보다는 자기중심적인 명분을 고집한다.
⑤ 남들의 구설수에 오르는 것을 지나치게 부끄러워한다.
⑥ 부끄럽게 생각되는 일은 절대로 안 하려고 한다.
⑦ 수치심 때문에 자신의 잘못을 좀처럼 인정하지 않는다.
⑧ 수치심 때문에 회개보다는 변명을 한다.
⑨ 수치심에 관련된 표현을 자주 사용한다.
⑩ 남들의 눈치를 보다가 돈이나 물건을 불합리하게 쓴다.
⑪ 남들이 어떻게 생각하느냐에 대해서 아주 민감하다.
⑫ 남들이 어떻게 말하느냐에 대해서 아주 민감하다.
⑬ 남들이 어떻게 사느냐에 대해서 아주 민감하다.
⑭ 분수에 지나치도록 남들을 의식하며 힘들게 산다.
⑮ 거짓말을 해서라도 지나치게 자기 방어를 한다.

6 체면의식으로 병든 자화상 고치기

이제 우리의 관심은 그처럼 병적인 체면의식을 어떻게 치료하느냐 하는 것입니다. 체면의식도 역시 잘못 그려진 자화상을 고쳐야 치료됩니다. 체면의식은 과대평가된 자화상에 연결되어 있습니다. 체면의식은 과대평가된 자화상을 고쳐야 치료될 수 있습니다.

우리는 이 세상에 태어나 우리 자신이 속한 문화와 사회에 적응하며 성장하는 과정에서 가문의 가풍과 사회적 규범과 도덕적 표준과 가치관과 세계관을 배우고 경험하여 마음에 새겨서 자기 자신의 것으로 만들어 갑니다. 이러한 과정을 내면화(internalization)라고 합니다. 내면화란 자기 밖에 있는 남의 것을 자기 안으로 받아들여 자기 것으로 만드는 작업을 의미합니다. 우리는 부모의 가치관을 내면화합니다. 선생님들의 가치관을 내면화합니다. 친구들의 가치관을 내면화합니다. 자기가 존경하는 사회 지도자들과 연예계 인사들과 스포츠계 인사들과 기타 여러 영향력 있는 사람들의 가치관을 내면화합니다.

이렇게 내면화하는 과정에서 자기가 아직 경험해 보지 못한 비현실적인 이상들까지 자기 것으로 만들 수 있습니다. 체면의식은 실현하기 어려운 이상들을 자기 삶의 표준으로 설정하고 자신의 현실을 정직하게 받아들이지 않은 채 그 표준을 억지로 유지하기 위해서 고집을 부리는 병적인 사고방식입니다.

그러므로 체면의식에 사로잡힌 사람은 자신의 초상화(자화상, self-image)에 그려놓은 이상과 현실 사이의 현저한 차이를 잘 파악하지 못하거나 인정하지 않는 사람입니다. 다시 말하자면 자신의 현실적인 능력을 과대평가하여 자기는 자기가 내면화하여 설정한 표준에 맞추어 살 수 있는 사람이고 또 그대로 맞추어 살아야만 되는 사람이라고 착각하는 사람입니다. 이렇게 과대평가된 자신의 초상화를 현실적인 자신의 모습으로 고쳐놓아야 체면의식에서 자유로워질 수 있습니다.

체면의식의 치료를 위한 몇 가지 제안을 소개하겠습니다.

체면의식으로 병든 자화상을 고치려면

① 내면화되어 있는 삶의 표준이 합당한 것인지 점검해 보십시오.
② 자신이 설정한 표준이 현실적으로 실현될 수 있는 것인지 확인해 보십시오.
③ 이상적인 목표와 현 위치 사이의 거리를 측정해 보십시오.

④ 성장의 과정에는 단계가 있음을 인정하십시오.

⑤ 인간의 노력에는 한계가 있음을 인정하십시오.

⑥ 명분과 실리 사이의 조화를 추구하십시오.

⑦ 개인과 가문과 그룹 사이의 권익을 균형 있게 추구하십시오.

⑧ 약점과 부족함과 실수와 죄를 솔직하게 인정하십시오.

⑨ 당신의 모습을 주님 앞에 있는 그대로 내어놓고 의지하십시오.

⑩ 성숙한 신앙 선배들과 교제를 나누고 도움을 받으십시오.

7 닫는 글

우리 자신의 모습 속에 사울이 들어 있지 않은지 살펴봅시다. 내 주위에 사무엘 같은 정직한 충고자가 있다면 감사한 마음으로 받아들입시다. 내 의식구조 안에 병적인 체면의식이 작용하고 있다면 주님의 십자가 앞에 그 무거운 짐을 내려놓고 치료를 받읍시다. 우리 주위에 체면의식의 증상을 보이는 이들이 있다면 그를 주님 앞으로 인도하여 자유를 얻도록 합시다. 사울 왕의 비극이 반복되지 않는 건강한 공동체를 이루어 갑시다.

"사무엘이 죽는 날까지 사울을 다시 가서 보지 아니하였으니 이는 그가 사울을 위하여 슬퍼함이었고 여호와께서는 사울을 이스라엘 왕으로 삼으신 것을 후회하셨더라"(삼상 15:35).

"수고하고 무거운 짐 진 자들아 다 내게로 오라 내가 너희를 쉬게 하리라 나는 마음이 온유하고 겸손하니 나의 멍에를 메고 내게 배우라 그리하면 너희 마음이 쉼을 얻으리니 이는 내 멍에는 쉽고 내 짐은 가벼움이라 하시니라"(마 11:28-30).

건강한 체면, 건강한 성숙
병적인 체면의식, 심각한 장애
성령의 은혜로 자화상을 고칩시다!

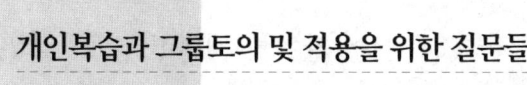

개인복습과 그룹토의 및 적용을 위한 질문들

1. 죄책감과 수치심을 구별하여 설명해 보십시오.

2. 체면과 체면의식을 구별하여 정의해 보십시오.

3. 사울 왕의 체면의식의 특징을 정리하여 말씀해 보십시오.

4. 체면의식의 증상들 가운데 당신 자신에게 해당되는 것은 무엇입니까?

5. 체면의식으로 병든 자화상을 고치기 위한 제안 중에서 당신은 무엇을 받아들이겠습니까?

6. 당신 자신이 체면의식으로 인해 부담을 주고받은 경험을 함께 나누어 보십시오.

7. 새롭게 깨달은 바를 당신의 삶에 어떻게 적용하겠습니까?

7. 정죄의식과 자화상

¹·허물의 사함을 받고 자신의 죄가 가려진 자는 복이 있도다 ²·마음에 간사함이 없고 여호와께 정죄를 당하지 아니하는 자는 복이 있도다 ³·내가 입을 열지 아니할 때에 종일 신음하므로 내 뼈가 쇠하였도다 ⁴·주의 손이 주야로 나를 누르시오니 내 진액이 빠져서 여름 가뭄에 마름 같이 되었나이다(셀라) ⁵·내가 이르기를 내 허물을 여호와께 자복하리라 하고 주께 내 죄를 아뢰고 내 죄악을 숨기지 아니하였더니 곧 주께서 내 죄악을 사하셨나이다(셀라) ⁶·이로 말미암아 모든 경건한 자는 주를 만날 기회를 얻어서 주께 기도할지라 진실로 홍수가 범람할지라도 그에게 미치지 못하리이다 ⁷·주는 나의 은신처이오니 환난에서 나를 보호하시고 구원의 노래로 나를 두르시리이다(셀라) ⁸·내가 네 갈 길을 가르쳐 보이고 너를 주목하여 훈계하리로다 ⁹·너희는 무지한 말이나 노새같이 되지 말지어다 그것들은 재갈과 굴레로 단속하지 아니하면 너희에게 가까이 가지 아니하리로다 ¹⁰·악인에게는 많은 슬픔이 있으나 여호와를 신뢰하는 자에게는 인자하심이 두르리로다 ¹¹·너희 의인들아 여호와를 기뻐하며 즐거워할지어다 마음이 정직한 너희들아 다 즐거이 외칠지어다

○ 시편 32:1~11

1 여는 글

명탐정 셜록 홈즈(Sherlock Holmes)를 탄생시킨 영국의 추리소설가 아서 코난 도일 경(Sir Arthur Conan Doyle, 1859-1930)에 관한 일화 하나를 소개합니다. 그가 한번은 친구 열두 명에게 장난을 칠 생각으로 "즉시 도망쳐라…모든 일이 드러났다"는 내용의 전보를 보냈습니다. 그러자 24시간 이내에 열두 명 모두 영국을 떠나버렸습니다.^{주)}

그들에게는 뭔가 숨기고 있는 일들이 있었던가 봅니다. 아서 코난 도일 경의 열두 친구뿐만 아니라 오늘 우리 시대에도 자기 마음속에 숨기고 있는 일들이 드러나면 도망칠 사람들이 있을 것으로 생각됩니다.

주) Michael P. Green, editor. *Illustrations for Biblical Preaching*, seventh printing. Grand Rapids, Michigan: Baker Book House, 1989. #627, p.181에서 번역하여 편집 인용.

우리 마음속에서 우리를 짓누르는 것들 가운데 죄책감이 있습니다. 죄책감(Guilt)이란 "하나님의 법이나 시민법 혹은 양심의 법을 어긴 일 또는 어겼다고 생각하는 일에 대해서 책임을 느끼고 근심하는 우리의 태도"[주]를 가리킵니다. 건강한 죄책감은 우리를 회개와 용서와 구원과 성숙과 행복으로 인도합니다. 그러나 병든 죄책감은 우리를 정죄의식과 사망으로 인도합니다.

사도 바울은 죄책감을 근심(sorrow)이라고 표현했습니다.

> "하나님의 뜻대로 하는 근심은 후회할 것이 없는 구원에 이르게 하는 회개를 이루는 것이요 세상 근심은 사망을 이루는 것이니라"(고후 7:10).

여기서 우리는 바울이 두 가지 종류의 근심을 대조하여 말씀하는 것에 주목할 필요가 있습니다. 하나는 하나님의 뜻대로 하는 근심이요, 다른 하나는 세상 근심입니다. 하나님의 뜻대로 하는 근심은 건강한 죄책감입니다. 세상 근심은 병든 죄책감입니다.

하나님의 뜻대로 하는 근심은 후회할 것이 없는 구원에 이르게

주) 죄책감의 전문적인 정의와 그 주제에 대한 충분한 논의를 위해서는 S. Bruce Narramore, "Guilt: Its Universal Hidden Presence," in Journal of Psychology and Theology, Vol.2, 1974, pp.104-115를 보라. 복음적인 신학과 건전한 심리학의 통전적인 관점에서 아주 섬세하게 해당 주제를 다루고 있는 논문이다. 여기서는 회중이 이해하기 쉽도록 저자 나름의 정의를 내렸다

하는 회개를 이룹니다. 그러나 세상 근심은 사망을 이룹니다. 이 시간 우리는 본문을 중심으로 건강한 죄책감과 병든 죄책감을 살펴본 다음 병든 죄책감이 가져다주는 정죄의식을 진단하여 하나님의 말씀을 통해서 주님의 은혜로 치유 받고자 합니다.

2 하나님의 뜻대로 하는 근심: 건강한 죄책감

시편 32편은 다윗의 교훈시입니다. 다윗에게는 숨긴 죄가 있었습니다. 그 죄는 다윗을 심히 근심하게 만들었습니다.

"내가 입을 열지 아니할 때에 종일 신음하므로 내 뼈가 쇠하였도다 주의 손이 주야로 나를 누르시오니 내 진액이 빠져서 여름 가뭄에 마름 같이 되었나이다"(시 32:3-4).

마음속에 숨긴 죄를 고백하지 않을 때 얼마나 근심이 컸으면 종일토록 신음하였을까요? 신음하는 날들이 얼마나 많았으면 뼈가 다 쇠하였다고 말했을까요? 하나님 앞에서 양심이 얼마나 괴로웠

으면 자기 몸의 진액이 마치 여름에 비가 내리지 않아서 바싹 말라 쩍쩍 갈라진 논밭과 같이 되었다고 했을까요?

　다윗이 숨기고 있던 죄가 무엇이었습니까? 구약성경 사무엘하 11장에 기록된 내용을 보면 다윗은 악한 죄를 저질렀습니다. 충신들이 군대를 이끌고 암몬 군대와 싸우러 나갔을 때였습니다. 다윗은 낮잠을 자고 일어나 왕궁 옥상 위를 걷다가 전쟁터에 나간 우리아라는 신하의 집을 내려다보았습니다. 마침 우리아의 아내 밧세바가 목욕하고 있는 모습이 눈에 띄었습니다. 정욕에 눈이 어두워진 다윗은 은밀히 밧세바를 궁 안으로 불러들여 동침했습니다. 얼마 후 밧세바가 임신한 것이 알려졌습니다. 그것을 숨기기 위해서 밧세바의 남편을 전쟁터에서 급히 불러 휴가를 주었습니다. 그러나 충신 우리아는 집에 가서 아내와 지내지 않고 전쟁터의 동료들을 생각하며 왕궁 문에서 다른 신하들과 잠을 잤습니다. 일이 뜻대로 되지 않자 다윗은 우리아를 전쟁터에서 최전방에 세우고 진격한 다음 후퇴하여 적군에게 맞아 죽게 하라는 지시를 편지에 써서 우리아의 손에 들려 사령관인 요압에게로 보냈습니다. 결국 우리아는 다윗의 악한 의도에 따라 모살 당하고 말았습니다. 우리아의 장례식이 있은 다음 다윗은 그의 아내 밧세바를 데려다가 자기 처로 삼았습니다.

다윗의 죄는 겉으로는 남들이 모르는 것이었습니다. 그러나 하나님이 아시고, 밧세바가 알고, 요압이 알고, 다윗 자신이 알고 있었습니다. 일반 사람들은 몰라도 자기 자신은 알고 있었습니다. 그 죄를 숨기자니 견딜 수가 없었습니다. 다윗의 근심은 뼈를 마르게 했습니다.

"내가 입을 열지 아니할 때에 종일 신음하므로 내 뼈가 쇠하였도다"(시 32:3).

하나님의 뜻은 다윗이 회개하고 용서받는 것이었습니다. 사무엘하 12장을 보면 하나님께서 근심하는 다윗에게 나단 선지자를 보내셨습니다. 나단 선지자는 다윗에게 비유를 들어 설명했습니다. "한 성에 두 사람이 살았는데 하나는 부자였고 하나는 가난했습니다. 그 부자는 양과 소가 심히 많았으나 가난한 사람은 아무 것도 없고 자기가 사서 기르는 작은 암양 새끼 하나뿐이었습니다. 그 암양 새끼는 자녀들과 함께 있어 자라며 한 상에서 먹고 마시고 마치 딸처럼 품에 누워 잤습니다. 그러던 어느 날 한 나그네가 부자에게 왔는데 부자가 자기 양과 소를 아껴두고 가난한 사람의 암양 새끼를 빼앗아다가 그 나그네를 위하여 잡았습니다."

이 말을 들은 다윗 왕은 그 부자에 대해서 크게 화를 내며 나단 선지자에게 소리쳤습니다. "하나님의 사심을 가리켜 맹세하는데 이 일을 행한 그 부자는 마땅히 죽어야 할 사람입니다. 그가 그 가난한 사람을 불쌍히 여기지 않고 이 일을 행하였으니 그 양 새끼를 사 배나 갚아주어야 할 것입니다."

나단 선지자는 다윗에게 "당신이 바로 그 사람입니다!"라고 말했습니다.

다윗은 그 자리에서 회개하였습니다. "내가 하나님께 죄를 범하였습니다!"

나단 선지자는 회개한 다윗에게 하나님의 용서를 전달하였습니다. "하나님께서 당신의 죄를 용서하셨습니다."

시편 32:5에서 다윗은 자기 죄를 회개하고 용서받은 체험을 이렇게 고백하고 있습니다.

"내가 이르기를 내 허물을 여호와께 자복하리라 하고 주께 내 죄를 아뢰고 내 죄악을 숨기지 아니하였더니 곧 주께서 내 죄악을 사하셨나이다."

다윗은 깨달은 바가 컸습니다. 가장 복된 사람은 누구입니까? 죄를 짓지 않는 사람입니다.

"마음에 간사함이 없고 여호와께 정죄를 당하지 아니하는 자는 복이 있도다"(시 32:2).

그 다음 복된 사람은 누구입니까? 죄를 지었으나 회개하고 용서받은 사람입니다.

"허물의 사함을 받고 자신의 죄가 가려진 자는 복이 있도다"(시 32:1).

요단 강 이편 세상에 살면서 전혀 죄를 안 짓고 사는 사람은 없습니다. 몰라서, 연약해서, 유혹에 넘어져서 죄를 짓는 것이 우리 연약한 인간입니다. 그렇다면 우리가 죄를 짓게 될 때 할 일이 무엇입니까? 즉시, 속히, 기회를 놓치지 말고 회개하는 것입니다.

"이로 말미암아 모든 경건한 자는 주를 만날 기회를 얻어서 주께 기도할지라"(시 32:6).

회개하면 어떻게 됩니까? 하나님의 용서를 받습니다. 하나님의 용서는 예수 그리스도의 십자가 희생에 근거한 용서입니다. 자기 독생자를 내어주신 하나님의 사랑, 자기 목숨을 내어주신 예수님의 사랑에 근거한 것입니다. 예수님께서 우리의 죄 값을 대신 갚도록 하신 하나님의 공의에 근거한 것입니다.

하나님의 용서는 완전합니다. 우리 죄가 주홍 같을지라도 눈과 같이 희게 해 주시고, 진홍같이 붉을지라도 양털같이 희게 해 주십니다(사 1:18). 정죄의 심판에 이르지 않게 해 주십니다. 사망에서 생명으로 옮겨주십니다(요 5:24).

그러한 하나님의 용서를 체험한 다윗은 본문 시편 32:6-7에서 이렇게 선포하고 있습니다.

"이로 말미암아 모든 경건한 자는 주를 만날 기회를 얻어서 주께 기도할지라 진실로 홍수가 범람할지라도 그에게 미치지 못하리이다 주는 나의 은신처이오니 환난에서 나를 보호하시고 구원의 노래로 나를 두르시리이다."

다윗은 건강한 죄책감을 가지고 하나님의 뜻대로 근심했습니다.

그 결과는 후회할 것이 없는 구원에 이르는 회개를 했습니다. 그는 하나님의 용서를 체험하고 구원의 노래를 불렀습니다.

3 하나님의 뜻대로 하는 근심: 건강한 죄책감의 특징

하나님의 뜻대로 하는 근심 곧 건강한 죄책감의 특징을 정리하면 다음과 같습니다.

① 성경적으로 죄가 무엇인지 안다.
② 자신의 죄를 객관적으로 파악한다.
③ 자신의 죄를 정직하게 인정한다.
④ 죄를 지은 것을 후회한다.
⑤ 죄를 지은 것을 슬퍼한다.
⑥ 하나님과 피해자에게 죄를 고백한다.
⑦ 하나님과 피해자에게 용서를 구한다.
⑧ 죄의 길에서 떠날 결심을 한다.
⑨ 하나님의 뜻을 따라 살아갈 결심을 한다.
⑩ 용서받은 것을 확신한다.

⑪ 용서해 주신 은혜를 감사하며 변화를 추구한다.

⑫ 용서의 은혜를 찬양하며 간증한다.

⑬ 이 근심은 하나님의 뜻에 근거한 객관적 죄책감이다.

⑭ 이것은 후회할 것이 없는 구원을 이루는 건설적인 죄책감이다.

⑮ 용서를 받고 나면 근심이 사라진다.

4 세상 근심: 병든 죄책감의 정의

이제 세상 근심에 관하여 살펴보겠습니다. 앞서 언급한 고린도후서 7:10은 세상 근심이 사망을 이룬다고 말씀하고 있습니다. 사망을 이루는 세상 근심은 실제로 암과 같은 중병이라고 할 수 있습니다.

사망을 이루는 세상 근심이 구체적으로 무엇일까요? 그것은 "죄가 무엇인지 객관적으로 정확히 알지 못하고 느끼는 불합리한 죄책감"입니다. 죄를 숨기고자 하는 부담감입니다. 죄가 드러날 것에 대한 불안감입니다. 용서받지 못하리라는 절망감입니다. 하나님과 사람에게 버림받게 되리라는 좌절감입니다. 벌을 받게 될 것에 대한 두려움입니다. 자신의 못난 것을 탓하는 열등감입니다. 자신의 무능을 탓하는 수치감입니다. 실패한 자신에 대한 실망감입니다. 자신의 약점을 용납하지 못하는 거부감입니다. 하나님과 이웃의 용서를 받아들이지 못하는 불신감입니다. 아무리 용서한다고 해도 용서의 확신을 갖지 못하는 의심입니다. 과거의 실패에서 벗어나지 못하게 하는 자멸감입니다. 하나님과 이웃의 사랑을 거절하는 고독감입니다. 예수 그리스도의 십자가를 부인하는 교만한 태도입니다. 이것은 실로 진정한 회개를 막는 죽음에 이르는 질병입니다.

많은 사람들이 이 병에 걸려 있습니다. 심지어는 믿는 사람들 중에서도 이 병을 고치지 못한 사람들이 있습니다. 세상 근심은 삶의 기쁨과 활력을 앗아가 버립니다.

5 세상 근심: 병든 죄책감의 특징

세상 근심 곧 병든 죄책감의 특징은 다음과 같습니다.
① 성경적으로 죄가 무엇인지 정확히 모른다.

② 자신의 죄를 주관적으로 파악한다.

③ 자신의 죄를 정직하게 인정하지 못한다.

④ 죄를 지은 것을 후회하는 데서 머문다.

⑤ 죄를 지은 것을 슬퍼하는 데서 머문다.

⑥ 하나님과 피해자에게 죄를 고백하지 못한다.

⑦ 하나님과 피해자에게 용서를 구하지 못한다.

⑧ 죄의 길에서 떠날 결심을 하는 데서 그친다.

⑨ 하나님의 뜻을 따라 살아갈 결심으로 그친다.

⑩ 용서받은 것을 확신하지 못한다.

⑪ 자기 의지로 변화를 추구한다.

⑫ 실패를 거듭하면서 자신을 정죄하고 좌절한다.

⑬ 이 근심은 자기의 뜻에 근거한 주관적인 죄책감이다.

⑭ 이것은 사망을 이루는 파괴적인 죄책감이다.

⑮ 용서의 확신이 없기 때문에 근심이 점차 깊어진다.

6 정죄의식으로 발전하는 세상 근심 : 병든 죄책감

세상 근심 곧 병든 죄책감은 정죄의식으로 발전하게 만듭니다. 정죄의식이란 "사랑에 근거한 용납과 용서와 변화와 성장을 배제하고 자신 또는 남의 죄를 지적하여 그에 대한 형벌을 고집하는 태도"를 가리킵니다. 정죄의식은 자신과 이웃을 괴롭게 합니다. 정죄의식 속에는 예수 그리스도의 십자가 대속을 통한 용서의 은혜가 스며들어갈 틈이 없습니다.

7 정죄의식의 특징

정죄의식의 특징을 정리하면 다음과 같습니다.
① 선보다는 악에 초점을 맞춘다.
② 용서보다는 형벌에 초점을 맞춘다.
③ 문제해결보다는 잘못한 일에 초점을 맞춘다.
④ 하나님이나 이웃보다는 잘못한 자신에 초점을 맞춘다.
⑤ 변화될 미래보다는 실패한 과거에 초점을 맞춘다.

⑥ 관계를 세우기보다는 파괴한다.

⑦ 모두를 불행하게 한다.

8 정죄의식을 갖게 되는 원인

정죄의식을 갖게 되는 원인 중에는 다음과 같은 내용이 포함됩니다.

① 성장과정에서 정죄적인 분위기 속에서 자랐다.

② 정죄를 당한 결과가 감당하기 어려운 것들이었다.

③ 잘못했을 때 사랑으로 교정 받은 경험이 부족했다.

④ 용서를 받아본 경험이 부족했다.

⑤ 용서를 해본 경험이 부족했다.

⑥ 칭찬을 받아본 경험이 부족했다.

⑦ 격려를 받아본 경험이 부족했다.

⑧ 사랑을 받아본 경험이 부족했다.

⑨ 사랑을 베풀어본 경험이 부족했다.

⑩ 정죄가 습관화되었다.

9 정죄의식으로 병든 자화상 고치기

정죄의식으로 병든 자화상은 열등의식을 해결해야 고칠 수 있습니다. 나는 못나고 무능해서 죄만 짓고 있다는 생각에서 벗어나야 합니다. 나같이 못난 죄인은 용서받을 수 없다는 좌절감에서 깨어나야 합니다. 죄를 회개하고 사랑으로 용서받은 체험을 할 때 병든 죄책감이 해결되고 정죄의식이 치유될 수 있습니다.

예수 그리스도의 십자가 복음을 정확히 이해하십시오. 우리가 아직 연약할 때, 우리가 아직 죄인 되었을 때, 우리가 아직 원수 되었을 때 우리 죄를 대신 지시고 십자가에 달려 우리가 치러야 할 죄값을 완전히 갚아주신 예수 그리스도가 바로 당신의 구주이심을 확신하십시오. 예수님께서 용서하지 못하실 죄인이 없다는 사실을 깨달으십시오. 그분의 십자가 앞에 모든 죄 짐을 내려놓고 회개하십시오. 그리고 하나님의 용서를 체험하십시오. 하나님의 사랑을 체험하십시오. 그리고 이렇게 외치십시오. "나는 예수님의 십자가로 용서받은 하나님의 자녀다! 나를 의롭다 하시는 이는 하나님이시니 누가 나를 정죄하리요? 우리 주 그리스도 예수 안에 있는 하나님의 사랑에서 누가 나를 끊을 수 있으랴?"

10 닫는 글

다윗은 시편 32:8-11에서 이렇게 격려하고 있습니다.

"내가 네 갈 길을 가르쳐 보이고 너를 주목하여 훈계하리로다 너희는 무지한 말이나 노새 같이 되지 말지어다 그것들은 재갈과 굴레로 단속하지 아니하면 너희에게 가까이 가지 아니하리로다 악인에게는 많은 슬픔이 있으나 여호와를 신뢰하는 자에게는 인자하심이 두르리로다 너희 의인들아 여호와를 기뻐하며 즐거워할지어다 마음이 정직한 너희들아 다 즐거이 외칠지어다."

여호와를 신뢰하는 자에게는 하나님의 인자하심이 함께할 것입니다. 하나님을 신뢰하십시오. 아직 숨기고 있는 죄가 있다면 회개하고 예수님의 십자가 앞에 내려놓으십시오. 그리고 병든 죄책감에서 놓여 자유하십시오. 정죄의식에서 놓여 자유를 누리십시오. "허물의 사함을 얻고 그 죄의 가림을 받은 자는 복이 있도다!"

하나님의 뜻대로 하는 근심, 건강한 죄책감

세상 근심, 병든 죄책감

성령의 은혜로 정죄의식으로 병든 자화상을 고칩시다!

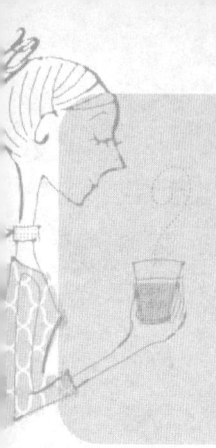

개인복습과 그룹토의 및 적용을 위한 질문들

1. 건강한 죄책감과 병든 죄책감의 차이를 설명해 보십시오.

2. 건강한 죄책감의 특징을 열거해 보십시오.

3. 세상 근심 곧 병든 죄책감의 특징을 열거해 보십시오.

4. 정죄의식이 무엇인지 설명해 보십시오.

_____

_____

5. 정죄의식의 특징을 열거해 보십시오.

_____

_____

6. 정죄의식을 갖게 되는 원인들 가운데 당신 자신에게 해당되는 것은 무엇입니까?

_____

_____

7. 새롭게 깨달은 바를 당신의 삶에 어떻게 적용하겠습니까?

_____

_____

8. 시기심과 자화상

⁴⁴·그 다음 안식일에는 온 시민이 거의 다 하나님의 말씀을 듣고자 하여 모이니 ⁴⁵·유대인들이 그 무리를 보고 시기가 가득하여 바울이 말한 것을 반박하고 비방하거늘 ⁴⁶·바울과 바나바가 담대히 말하여 이르되 하나님의 말씀을 마땅히 먼저 너희에게 전할 것이로되 너희가 그것을 버리고 영생을 얻기에 합당하지 않은 자로 자처하기로 우리가 이방인에게로 향하노라 ⁴⁷·주께서 이같이 우리에게 명하시되 내가 너를 이방의 빛으로 삼아 너로 땅 끝까지 구원하게 하리라 하셨느니라 하니 ⁴⁸·이방인들이 듣고 기뻐하여 하나님의 말씀을 찬송하며 영생을 주시기로 작정된 자는 다 믿더라 ⁴⁹·주의 말씀이 그 지방에 두루 퍼지니라 ⁵⁰·이에 유대인들이 경건한 귀부인들과 그 시내 유력자들을 선동하여 바울과 바나바를 박해하게 하여 그 지역에서 쫓아내니 ⁵¹·두 사람이 그들을 향하여 발의 티끌을 떨어 버리고 이고니온으로 가거늘 ⁵²·제자들은 기쁨과 성령이 충만하니라

○ 사도행전 13:44~52

1 여는 글

시기심(猜忌心, envy)에 관한 이야기입니다. 사탄의 부하인 귀신들이 북아프리카의 리비야 사막(Libyan Desert, North Africa)에서 고행을 하는 성자에게 의심과 두려움 등을 사용해서 온갖 방법으로 육신적인 유혹을 했으나 넘어가지 않았습니다. 그 때 사탄이 나타나서 "그런 시시한 방법으로는 안 되지. 어디 내가 한 번 해 볼까?" 하고 말했습니다. 사탄은 그 성자에게 다가가서 귓속말로 "소식 들었나? 자네 동생이 알렉산드리아에서 감독이 되었다네!" 하고 말했습니다. 지금까지 아무런 동요도 보이지 않던 그 성자는 시기심에 불이 붙어 얼굴이 일그러졌습니다.[주] 아무리 사막에서 고행하는 성자라도 시기심에는

주) Paul Lee Tan. #2669 "The Devil and The Hermit" in the *Encyclopedia of 7700 Illustrations: Signs of the Times*, seventh printing. Rockville, Maryland: Assurance Publishers, 1984. p.645에서 번역 인용.

약하다는 점을 부각시키는 이야기입니다.

2 시기심의 정의

시기심이 무엇입니까? 시기심의 정의를 어떻게 내릴 수 있습니까? 시기심이란 "내가 원하는 것이 다른 사람에게는 있으나 내게는 없어서 그것 때문에 일어나는 불편한 감정 혹은 태도"[주]를 가리킵니다. 질투심의 경우처럼 시기심도 잘 절제하여 건설적으로 해결을 하면 성숙의 길로 행할 수 있습니다. 그러나 시기심의 노예가 되면 분별력을 잃고 파괴적인 길로 빠질 수 있습니다.

3 시기심에 사로잡힌 성경인물: 유대인들

사도행전 13:44-52은 아주 생생한 시기심의 현장을 소개해 주

주) David G. Benner, editor. "Envy" by J. R. Beck in the *Baker Encylopedia of Psychology*, Grand Rapids, Michigan: Baker Book House, 1985, pp. 609-601(J. R. Beck, Baker Encyclopedia of Psychology, Baker. pp.366-367를 참고하여 내린 정의.

고 있습니다. 여기에는 제1차 선교여행 길에 사도 바울과 바나바가 비시디아 안디옥 회당에서 복음을 전할 때 유대인들이 바울을 시기한 장면이 나옵니다.

"그 다음 안식일에는 온 시민이 거의 다 하나님의 말씀을 듣고자 하여 모이니 유대인들이 그 무리를 보고 시기가 가득하여 바울이 말한 것을 반박하고 비방하거늘"(행 13:44-45).

누가 시기하는 자입니까? 유대인입니다. 누가 시기 당하는 사람입니까? 사도 바울입니다. 이렇게 두 당사자가 개입되어 있습니다.

시기 당하는 바울에게는 있으나 시기하는 유대인에게는 없는 것, 유대인들이 원했던 그것이 무엇입니까? 자기를 따르는 회중이었습니다. 13:44에 보면 두 번째 안식일에 바울이 설교할 때 "온 시민이 거의 다 하나님의 말씀을 듣고자 하여 모이니"라고 말씀하고 있습니다. 바울이 설교할 때는 큰 무리가 모였는데 유대인들이 설교할 때는 별로 안 모였습니다.

유대인들의 시기심이 언제 발동했습니까? 13:45을 보면 "유대인들이 그 무리를 보고 시기가 가득하여"라고 말씀하고 있습니다.

시기심이 발동한 것은 자기가 원하는 그것을 상대방은 갖고 있으나 자기에게는 없다는 사실을 동시에 인식하는 순간이었습니다.

시기심이 발동했을 때 유대인들은 어떻게 했습니까? 13:45 하반절을 보면 그들이 "바울이 말한 것을 반박하고 비방하거늘"이라고 말씀하고 있습니다. 유대인들은 자신에 대해서는 슬픈 감정을 품고 바울에 대해서는 악한 감정을 품었습니다. 미운 생각을 가지고 바울을 변박하고 비방했습니다. 그 정도가 아니었습니다. 바울이 잘못 되기를 바라고 해치려고까지 했습니다.

"이에 유대인들이 경건한 귀부인들과 그 시내 유력자들을 선동하여 바울과 바나바를 박해하게 하여 그 지역에서 쫓아내니"(행 13:50).

유대인들은 자기중심적으로 생각하고 하나님을 생각하지 않았습니다. 하나님께서 지금 무엇을 원하시는가를 고려하지 않았습니다. 사도 바울이 사람들에게 무엇을 전하고 있는가를 생각하지 않았습니다. 사람들이 왜 그처럼 많이 모여드는지 알아보고자 하지 않았습니다. 그들은 하나님의 나라, 하나님의 말씀, 예수 그리스도의 복음, 죽어 가는 영혼들의 구원에는 관심이 없었습니다. 오직 자신들의 인기, 자신들의 체면, 자신들의 이권에만 관심이 있었습니다. 아주 이기적인 태도를 갖고 있었습니다. 자신들의 잘못이 무엇인지, 어떻게 고쳐야 할지를 생각지 않고 사도 바울을 시기하여 해치려는 생각만 했습니다. 이것이 시기심의 현장이었습니다.

4 시기심의 특징

시기심은 어떤 특징을 갖고 있습니까? 시기심의 특징을 정리하면 다음과 같습니다.
① 전세계 어느 민족에게서나 찾아볼 수 있는 일반적인 감정이다.
② 시기하는 사람과 시기 당하는 사람, 이렇게 두 당사자가 개입된다.
③ 자기가 원하는 것을 상대방이 가진 것과 자신이 갖지 못한 사실을 동시에 인식할 때 발동된다.
④ 자신이 원하는 것을 갖고 있는 상대방에 대해 미운 생각이 들게 한다.

⑤ 원하는 것을 갖지 못한 자신에 대해 슬픈 생각이 들게 한다.

⑥ 상대방이 잘못되기를 바라고 그렇게 되는 것을 즐거워하게 만든다.

⑦ 내가 잘되기를 바라고 그렇게 될 때 상대방에게 과시하게 만든다.

⑧ 상대방을 대적으로 간주하고 비방하며 공격하게 한다.

⑨ 열등의식에 근거한 자기중심적이고 이기적인 태도를 고착시킨다.

⑩ 자신과 상대방에게 해를 끼치는 파괴적인 방향으로 이끌어 간다. 주)

시기를 당한 바울은 어떻게 했습니까? 바울은 자신이 누구이며, 상대방이 누구인지, 누구의 뜻을 좇아야 하고, 무엇을 해야 하며, 어디로 가야 할 것인가를 객관적으로 파악했습니다.

"바울과 바나바가 담대히 말하여 이르되 하나님의 말씀을 마땅히 먼저 너희에게 전할 것이로되 너희가 그것을 버리고 영생을 얻기에 합당하지

주) Ibid.

않은 자로 자처하기로 우리가 이방인에게로 향하노라 주께서 이같이 우리에게 명하시되 내가 너를 이방의 빛으로 삼아 너로 땅 끝까지 구원하게 하리라 하셨느니라 하니"(행 13:46-47).

바울은 누구였습니까? 하나님의 일꾼이었습니다. 상대방은 누구였습니까? 하나님의 말씀을 마땅히 먼저 받아야 할 유대인들이었으나 스스로 버리고 영생 얻음에 합당치 않은 자로 자처하는 불신자들이었습니다. 바울은 누구의 뜻을 좇아야 했습니까? 유대인들의 뜻이 아닌 하나님의 뜻을 좇아야 했습니다. 바울은 어디로 가서 무엇을 해야 했습니까? 이방인들에게로 가서 복음을 전해야 할 것이었습니다.

바울은 과연 하나님의 뜻을 좇아 담대히 행하였습니다. 13:51을 보면 바울은 바나바와 함께 시기심이 가득한 유대인들을 향하여 발에 티끌을 떨어 버리고 새로운 전도지 이고니온으로 갔습니다.

그 결과는 어찌 되었습니까? 구원의 역사가 일어났습니다.

"이방인들이 듣고 기뻐하여 하나님의 말씀을 찬송하며 영생을 주시기로 작정된 자는 다 믿더라"(행 13:48).

복음이 전파되었습니다. "주의 말씀이 그 지방에 두루 퍼지니라"⁽행 13:49⁾. 기쁨과 성령이 충만했습니다. "제자들은 기쁨과 성령이 충만하니라"⁽행 13:52⁾.

5 시기심으로 병든 자화상 고치기

이제 우리의 관심은 "시기심이 가득했던 그 유대인들이 어떻게 되었을까?" 하는 것입니다. 그들 중에 일부는 시기심을 해결하고 복음을 믿어 구원을 얻었을 것으로 기대합니다. 그러나 대부분은 시기심 때문에 복음을 끝까지 거부하고 영생을 얻지 못했을 것으로 생각됩니다.

이제 우리에게는 그보다 더 큰 관심이 있습니다. 그것은 "우리의 시기심을 어떻게 해결할 수 있을까?" 하는 것입니다. 시기심은 열등의식에서 일어나는 불편한 감정이기 때문에 열등의식으로 위축된 자화상을 실제의 모습으로 펼쳐서 고쳐 놓아야 해결될 수 있습니다.

시기심을 해결하기 위한 몇 가지 방법을 제시하겠습니다.

① 나의 부족함이 무엇인지를 정확하게 파악한다.

② 그것이 나의 인격과 삶 전체에 어떤 의미가 있는지 객관적으로 분석한다.

③ 나의 원하는 그것을 상대방이 어떻게 얻게 되었는지 연구한다.

④ 실력을 갖추고 힘쓰면 나도 얻을 수 있는 것인지 알아본다.

⑤ 나도 얻을 수 있는 것이라면 선의의 방법을 통해서 얻고자 노력한다.

⑥ 나에게 없는 그것을 상대방이 가졌다고 미워하는 것은 죄임을 명심한다.

⑦ 나의 원하는 것을 가진 상대방을 존경하고 사랑하기 위해 기도하고 훈련한다.

⑧ 그리스도 예수 안에서 열등감을 치유 받고 건강한 자존감을 유지한다.

⑨ 열등감을 자극해서 시기심을 부추기는 사탄의 시험을 경계한다.

⑩ 성령의 도우심으로 나의 주제를 파악하고 겸손히 분수에 맞는 삶을 즐긴다.

6 닫는 글

잠언 14:30에 말씀하기를 "평온한 마음은 육신의 생명이나 시기는 뼈를 썩게 하느니라"고 했습니다. 우리의 뼈를 썩게 만드는 시기심을 다 십자가 앞에 내려놓고 성령 안에서 새 사람 되시기를 바랍니다.

나쁜 감정, 바로 시기심

버릴 감정, 바로 시기심

개인복습과 그룹토의 및 적용을 위한 질문들

1. 시기심이 무엇인지 설명해 보십시오.

2. 사도행전 13:44-52에 나오는 유대인들이 시기심에 사로잡힌 상황을 설명해 보십시오.

3. 시기심의 특징을 열거해 보십시오.

4. 시기심의 특징 가운데 당신 자신에게서 발견되는 것은 무엇입니까?

5. 시기심으로 병든 자화상을 고치기 위한 제안 중에서 당신은 무엇을 받아들이겠습니까?

6. 지금까지 시기심으로 인해 당신이 주고받은 상처를 나누어 보십시오.

7. 새롭게 깨달은 바를 당신의 삶에 어떻게 적용하겠습니까?

9. 질투심과 자화상

⁶·무리가 돌아올 때 곧 다윗이 블레셋 사람을 죽이고 돌아올 때에 여인들이 이스라엘 모든 성읍에서 나와서 노래하며 춤추며 소고와 경쇠를 가지고 왕 사울을 환영하는데 ⁷·여인들이 뛰놀며 노래하여 이르되 사울이 죽인 자는 천천이요 다윗은 만만이로다 한지라 ⁸·사울이 그 말에 불쾌하여 심히 노하여 이르되 다윗에게는 만만을 돌리고 내게는 천천만 돌리니 그가 더 얻을 것이 나라 말고 무엇이냐 하고 ⁹·그 날 후로 사울이 다윗을 주목하였더라 ¹⁰·그 이튿날 하나님께서 부리시는 악령이 사울에게 힘 있게 내리매 그가 집 안에서 정신 없이 떠들어대므로 다윗이 평일과 같이 손으로 수금을 타는데 그 때에 사울의 손에 창이 있는지라 ¹¹·그가 스스로 이르기를 내가 다윗을 벽에 박으리라 하고 사울이 그 창을 던졌으나 다윗이 그의 앞에서 두 번 피하였더라 ¹²·여호와께서 사울을 떠나 다윗과 함께 계시므로 사울이 그를 두려워한지라 ¹³·그러므로 사울이 그를 자기 곁에서 떠나게 하고 그를 천부장으로 삼으매 그가 백성 앞에 출입하며 ¹⁴·다윗이 그의 모든 일을 지혜롭게 행하니라 여호와께서 그와 함께 계시니라 ¹⁵·사울은 다윗이 크게 지혜롭게 행함을 보고 그를 두려워하였으나 ¹⁶·온 이스라엘과 유다는 다윗을 사랑하였으니 그가 자기들 앞에 출입하기 때문이었더라

○ 사무엘상 18:6~16

1 여는 글

　질투에 관한 이야기 하나를 소개합니다. 중국의 위(魏)나라 왕이 초(楚)나라 왕에게 예쁜 처녀를 첩으로 주었습니다. 초나라 왕은 왕비보다 첩을 더 사랑하게 되었습니다. 왕비인 정유(鄭袖)는 그것을 눈치 채고 그 젊은 첩을 위해 온갖 정성을 쏟아 마음에 드는 집과 침구와 옷이며 단장품과 장신구까지 다 갖추어 주었습니다. 왕비는 왕에게보다 그 첩에게 더 애정을 쏟았습니다.
　초왕은 왕비가 그 애첩을 질투하지 않는다고 확신하고 이렇게 말했습니다. "내가 애첩을 가까이 하는 것을 알면서도 당신이 그 사람을 나보다 더 사랑하다니 참으로 놀랍소."
　왕이 자기를 신뢰하는 것을 확인한 왕비는 왕의 애첩을 찾아가서 이렇게 말했습니다. "왕이 자네의 아름다운 모습을 몹시 사랑하시네. 다만 자네 코는 마음에 들지 않으시는 듯하네. 그러니 왕을 뵐 때는 손으로 코를 가리도록 하는 것이 좋겠네."

애첩은 왕비의 말을 믿고 그대로 했습니다. 왕은 애첩이 자기를 볼 때마다 코를 가리는 것이 마음에 걸려서 기회 있을 때 왕비에게 넌지시 물었습니다. "여보, 저 사람이 나를 볼 때마다 코를 가리는데 왜 그러는지 알고 있소?"

"알고는 있습니다만 차마 말씀드리기가 곤란합니다." 왕비는 주저하며 대답을 하지 않았습니다.

"숨기지 말고 말씀하시오." 왕이 재촉하였습니다.

"황송하옵니다만 그것은 폐하의 몸에서 나는 냄새를 맡기가 싫어서 그러한 줄로 아옵니다." 왕비의 대답이었습니다.

그 말을 들은 왕은 크게 화를 내면서 확인해 볼 것도 없이 당장에 신하를 명하여 애첩의 코를 잘라버리게 했습니다.[주]

주) 이재은 편저. 기독교 문장대백과사전 제20권. 대한민국 서울: 성서연구사 1995, p.940에서 인용하여 편집함.

2 질투심의 정의

질투심이 무엇입니까? 질투심이란 "자기가 좋아하는 대상을 놓고 상대방과 경쟁을 벌이는 상황에서 발생하는 불쾌한 감정, 상태, 또는 태도"를 가리킵니다. 아가서 8:6에 말씀하기를 "사랑은 죽음같이 강하고 질투(jealousy)는 스올같이 잔인하며"라고 했습니다. 과연 질투는 잔혹합니다. 빌리 그래함(Billy Graham)은 이렇게 경고했습니다. "질투와 시기는 믿음과 소망을 떨어뜨리고 교회를 분열시키며 살인을 초래한다. 질투는 우리의 교우관계를 좁히고, 우리의 사업을 망하게 하며, 우리의 영혼을 위축시킨다. 무엇보다도 질투는 우리의 영혼을 죽이는 것이다."[주]

3 질투심에 사로잡힌 성경인물: 사울

사무엘상 18:6을 보면 다윗이 블레셋 사람을 죽이고 개선장군이 되어 돌아올 때 여인들이 이스라엘 모든 성에서 나와서 노래하며

주) 이재은 편저, Op. cit.

춤추며 악기를 가지고 환영하는 장면이 소개되고 있습니다.

"여인들이 뛰놀며 노래하여 이르되 사울이 죽인 자는 천천이요 다윗은 만만이로다 한지라"(삼상 18:7).

바로 이 노랫말이 사울 왕의 질투심에 불을 질렀습니다.

"사울이 그 말에 불쾌하여 심히 노하여 이르되 다윗에게는 만만을 돌리고 내게는 천천만 돌리니 그가 더 얻을 것이 나라 말고 무엇이냐 하고 그 날 후로 사울이 다윗을 주목하였더라"(삼상 18:8-9).

질투심은 불쾌한 감정입니다. "그 말에 불쾌하여"(8절상). 질투심은 분노를 격발하게 하는 감정입니다. "심히 노하여"(8절중). 질투심은 열등의식에서 나오는 감정입니다. "다윗에게는 만만을 돌리고 내게는 천천만 돌리니"(8절중). 질투심은 불합리한 생각에 빠지게 하는 감정입니다. "그가 더 얻을 것이 나라 말고 무엇이냐?"(8절하). 질투심은 눈에 살기가 돌게 하는 감정입니다. "그 날 후로 사울이 다윗을 주목하였더라"(9절).

질투심으로 살기가 도는 눈을 가리켜서 영어로는 "그린 아이" (green eye)라고 합니다. 셰익스피어(Shakespeare)의 작품 오셀로(Othello)에 나오는 괴물의 눈이 초록색입니다. 그 초록색 눈빛의 괴물이 바로 질투의 화신입니다. 질투심에 빠진 사울 왕의 눈빛이 바로 "그린 아이"가 되었습니다. 살기가 도는 눈빛입니다.

질투심은 살인의 행동으로 발전하게 할 수도 있는 감정입니다. 과연 사울은 일을 저질렀습니다.

"그 이튿날 하나님께서 부리시는 악령이 사울에게 힘 있게 내리매 그가 집 안에서 정신없이 떠들어대므로 다윗이 평일과 같이 손으로 수금을 타는데 그 때에 사울의 손에 창이 있는지라 그가 스스로 이르기를 내가 다윗을 벽에 박으리라 하고 사울이 그 창을 던졌으나 다윗이 그의 앞에서 두 번 피하였더라"(삼상 18:10-11).

자신의 치료를 위해서 수금을 타는 충신 다윗에게 살인의 창을 두 번씩이나 던지게 만든 것이 질투심이었습니다.

질투심은 두려움에 빠지게 만드는 감정입니다.

"여호와께서 사울을 떠나 다윗과 함께 계시므로 사울이 그를 두려워한지라"(삼상 18:12).

"사울은 다윗이 크게 지혜롭게 행함을 보고 그를 두려워하였으나"(삼상 18:15).

질투심은 다 떠나고 혼자 남아 외로움을 느끼게 만드는 감정입니다.

"여호와께서 사울을 떠나 다윗과 함께 계시므로 사울이 그를 두려워한지라 그러므로 사울이 그를 자기 곁에서 떠나게 하고 그를 천부장으로 삼으매 그가 백성 앞에 출입하며"(삼상 18:12-13).

사울의 질투는 그에게서 하나님이 떠나게 했습니다. 사울의 질투는 그에게 꼭 필요한 인물인 다윗을 떠나게 만들었습니다.
질투심은 사랑을 잃어버리게 만드는 감정입니다.

"다윗이 그의 모든 일을 지혜롭게 행하니라 여호와께서 그와 함께 계시니라 사울은 다윗이 크게 지혜롭게 행함을 보고 그를 두려워하였으나 온 이스라엘과 유다는 다윗을 사랑하였으니 그가 자기들 앞에 출입하기 때문이었더라"(삼상 18:14-16).

사울이 처음 질투하게 된 동기는 이스라엘 여인들의 신뢰와 사랑을 얻기 위함이었습니다. 이스라엘 온 백성의 존경과 사랑을 얻고자 함이었습니다. 그러나 그의 질투심은 하나님의 사랑도 잃어버리게 만들었고 온 이스라엘 백성의 사랑도 잃어버리게 만들었습니다.

4 질투심의 특징

질투심의 특징을 정리하면 다음과 같습니다.
① 질투심에는 자기 자신과 사랑하는 대상과 경쟁자, 이렇게 삼자가 연루된다.
② 질투심은 자신을 경쟁자와 비교한 열등감에서 솟구쳐 나온다.
③ 질투심은 경쟁자에 대한 분노와 적대감과 두려움을 불러일으

킨다.

④ 질투심은 사랑하는 대상을 잃을 것에 대한 불안과 염려를 불러일으킨다.

⑤ 질투심은 눈빛과 표정에 살기가 돌게 한다.

⑥ 질투심은 살인의 행동으로까지 발전하게 할 수도 있다.

⑦ 질투심은 다 떠나고 혼자 남아 외롭게 만들 수 있다.

⑧ 질투심은 사랑하는 대상을 잃어버리게 할 수 있다.주)

5 질투심을 일으키는 상황들

그렇다면 우리의 삶에서 질투심을 일으키는 상황들이 따로 있을까요? 미국의 심리학자 벡(J. R. Beck)은 다음과 같이 질투심을 일으키는 상황 다섯 가지를 지적하고 있습니다.

① 부모의 사랑을 대상으로 한 형제자매간의 경쟁

② 좋아하는 친구를 대상으로 한 동료간의 경쟁

③ 사랑하는 사람을 대상으로 한 후보자들간의 경쟁

주) David G. Benner, editor. "Jeaousy" by J. R. Beck in the *Baker Encylopedia of Psychology*. Grand Rapids, Michigan: Baker Book House, 1985, pp. 609-601. 또한 pp.609-610도 참고.

④ 배우자 또는 애인을 의심하여 확실치 않은 상대방과 벌이는 병적인 경쟁
⑤ 정신분열증 환자에게서 나타나는 비현실적인 혹은 불합리한 경쟁.[주]

6 질투심으로 병든 자화상 고치기

이 시간 우리의 관심은 질투심으로 병든 자화상을 어떻게 고치느냐에 초점이 맞춰집니다. 질투심은 열등의식에서 나오는 것인 만큼 열등의식으로 위축된 자화상을 활짝 펴서 제 모습으로 고쳐놓아야 치유될 수 있습니다. 위축된 자화상은 성령의 은혜로 그리스도 안에서 새로운 피조물이 된 자신의 모습을 발견할 때 펼쳐질 수 있습니다.

질투심으로 병든 자화상의 치유를 위한 몇 가지 제안을 하겠습니다.

① 비교 당하는 일에 과민반응을 보이지 않도록 자신을 지키십

주) Ibid.

시오.

② 자신의 약점이 크게 보이거든 하나님의 권능을 바라보십시오.

③ 자기보다 더 훌륭한 사람을 칭찬하는 연습을 하십시오.

④ 남보다 못난 자기를 있는 모습 그대로 용납하는 연습을 하십시오.

⑤ 나의 약한 그것을 통해 권능을 나타내시는 주님을 의지하십시오.

⑥ 내 곁에 있는 사람들을 신뢰하고 그들의 사랑을 받아들이십시오.

⑦ 자신의 모습을 객관적으로 파악하고 사람들에게 지나친 기대를 하지 마십시오.

⑧ 그리스도 예수 안에서 건강한 자존감을 유지하도록 노력하십시오.

⑨ 열등감을 자극하여 질투심을 부추기는 사탄의 전략에 넘어가지 마십시오.

⑩ 덕스럽고 선한 경쟁을 하되 경쟁의 대상을 사랑으로 포용하십시오.

7 닫는 글

사울 왕은 여인들과 이스라엘 백성의 신뢰와 존경과 사랑을 대상으로 다윗과 비현실적이고 불합리한 경쟁을 벌인 질투의 사람이었습니다. 그의 질투심은 병적인 상태에 빠지기 전에 고쳐야 했습니다. 악신에 들리기 전에 치료받아야 했습니다. 하나님이 떠나시기 전에 해결해야 했습니다.

그의 질투심은 열등감에서 나온 것이었습니다. 그는 자신의 연약함을 통해서 권능으로 역사하시는 하나님을 신뢰하고 하나님께서 보내주신 다윗을 자기의 동역자로 포용했어야 열등감에서 오는 질투심을 예방하고 치유할 수 있었을 것입니다.

이스라엘 여인들이 "사울이 죽인 자는 천천이요 다윗은 만만이로다!"라고 노래할 때, 만일 사울 왕이 "할렐루야! 우리에게 다윗을 보내 주신 하나님을 찬양하라! 다윗이 죽인 자는 과연 만만이로다!"라고 화답했더라면 진정 사울은 존경받는 왕이 되었을 것입니다. 그랬더라면 그는 질투심의 노예가 되어 일생을 망치는 대신 큰 그릇의 지도자가 되었을 것입니다.

나쁜 감정, 바로 질투심

버릴 감정, 바로 질투심

개인복습과 그룹토의 및 적용을 위한 질문들

1. 질투심이 무엇인지 설명해 보십시오.

2. 사울 왕이 질투심에 사로잡힌 상황을 설명해 보십시오.

3. 질투심의 특징을 열거해 보십시오.

4. 질투심을 일으키는 상황들 가운데 당신이 경험한 것은 무엇입니까?

5. 질투심으로 병든 자화상을 고치기 위한 제안 중에서 당신은 무엇을 받아들이겠습니까?

6. 지금까지 질투심으로 인해 당신이 주고받은 부담을 나누어 보십시오.

7. 새롭게 깨달은 바를 당신의 삶에 어떻게 적용하겠습니까?

10. 비판의식과 자화상

¹·비판을 받지 아니하려거든 비판하지 말라 ²·너희가 비판하는 그 비판으로 너희가 비판을 받을 것이요 너희가 헤아리는 그 헤아림으로 너희가 헤아림을 받을 것이니라 ³·어찌하여 형제의 눈 속에 있는 티는 보고 네 눈 속에 있는 들보는 깨닫지 못하느냐 ⁴·보라 네 눈 속에 들보가 있는데 어찌하여 형제에게 말하기를 나로 네 눈 속에 있는 티를 빼게 하라 하겠느냐 ⁵·외식하는 자여 먼저 네 눈 속에서 들보를 빼어라 그 후에야 밝히 보고 형제의 눈 속에서 티를 빼리라

○ 마태복음 7:1~5

1 여는 글

나이 많은 할아버지가 손자를 당나귀에 태우고 먼 길을 가고 있었습니다. 그것을 본 어떤 사람이 말했습니다. "아니, 얼마든지 걸어 다닐 수 있는 아이는 당나귀에 태우고 나이 든 노인이 힘들게 걸어서 가다니. 어떻게 저럴 수가 있담?"

그 말을 들은 할아버지는 손자를 걷게 하고 자기는 당나귀에 올라탔습니다. 얼마 안 가서 또 다른 사람이 말했습니다. "세상에, 저것 좀 봐요. 나이 든 어른은 편안하게 타고 가고 어린애는 걸어가게 하다니. 인정머리도 없지!"

그래서 할아버지는 손자까지 당나귀 등에 함께 태웠습니다. 그것을 본 사람이 또 말을 했습니다. "원 저런, 저 작은 당나귀에 두 사람이나 타고 가다니. 짐승이 불쌍하지!" 하는 수 없이 할아버지와 손자는 둘 다 내려서 걸어갔습니다. 길을 가다 보니 또 다른 사람이 말했습니다. "아니, 저 멀쩡한 당나귀를 그냥 끌고 가다니. 짐승을 놀리면 안 되지. 암, 안 되고 말고."

할아버지는 다시 손자와 함께 당나귀에 올라탔습니다. 한 참을 가다 보니 당나귀가 힘들어 다리를 절었습니다. 그것을 본 또 다른 사람이 말했습니다. "어이구 저런, 말 못하는 짐승이라고 저렇게 부려먹으면 벌을 받지."

결국 둘 다 내릴 수밖에 없었습니다. 손자는 그냥 걸어가고 할아버지는 다리를 저는 당나귀를 어깨에 메고 갔습니다.[주] 우리가 무슨 일을 해도 항상 우리를 비판하는 사람이 있습니다.

2 비판과 비판의식의 정의

마태복음 7:1에서 주님은 산상설교를 하시는 중에 "비판을 받지 아니하려거든 비판하지 말라"고 말씀하고 계십니다. 비판이 무엇

주) Michael P. Green, editor. "Crisis" in the *Illustrations for Biblical Preaching*, seventh printing. Grand Rapids, Michigan: Baker Book House, 1989. #271에서 번역하여 편집 인용.

입니까? 비판이란 "옳고 그름을 판단하여 잘못을 지적하고 그 책임을 물으며 시정할 것을 요구하는 것"을 의미합니다. 정당한 비판은 공의와 질서를 세웁니다. 옳고 그름을 판단하는 기준이 정당하고, 판단할 위치에 있는 사람이 판단하고, 판단을 받아야 할 사람이 판단을 받고, 때와 장소를 가려서 객관적인 책임을 묻고, 실제적인 잘못을 시정할 것을 요구하는 것은 마땅한 비판입니다.

그러나 판단 기준에 객관성이 없고, 판단할 위치에 서 있지 않은 사람이 판단하고, 판단을 받을 대상이 애매하고, 주관적인 생각을 가지고 무분별한 책임을 묻고, 분명치 않은 잘못을 시정할 것을 요구하는 것은 많은 부작용과 피해를 초래할 수 있습니다. 이러한 비판은 공의와 질서를 무너뜨릴 수 있고, 그렇게 비판하는 사람이 심판대 앞에서 책임을 지게 되어 있습니다. 이것은 분명히 잘못된 비판입니다. 잘못된 비판은 판단기준과 자신과 상대방과 상황에 대한 무지와 오판과 그릇된 동기에서 비롯되는 경우가 허다합니다.

잘못된 비판이 습관화되면 비판의식의 노예가 될 수 있습니다. 비판의식이란 무엇입니까? 비판의식이란 "자격 없는 자신이 상습적으로 심판자의 위치에 스스로 올라앉아, 정황을 정확하게 파악하지 못한 상태에서, 옳고 그름을 주관적으로 판단하여, 무분별하게 잘못을 지적하고, 무리하게 질책하고, 비현실적인 시정을 요구하는 병적인 사고방식, 의식구조 혹은 태도"를 가리킵니다.

3 비판의식의 특징

비판의식의 특징을 정리하면 다음과 같습니다.
① 자격 없는 자신이 스스로 심판자가 된다.
② 정황을 객관적으로 정확하게 파악하지 못한다.
③ 옳고 그름을 주관적으로 판단한다.
④ 무분별하게 잘못을 지적한다.
⑤ 무리하게 질책한다.
⑥ 비현실적인 시정을 요구한다.
⑦ 상습적이다.
⑧ 병적이다.

4 비판의식에 빠지게 되는 원인

그렇다면 사람이 이런 비판의식에 빠지게 되는 원인이 무엇일까요? 많은 원인이 있겠으나 그 중에 몇 가지 정리하면 다음과 같습니다.

① 부모나 형제자매, 선생님, 친구 등에게서 감당키 어려운 비판을 받고 자랐다.
② 성장과정에서 실수나 실패를 했을 때 용서와 회복의 경험이 부족했다.
③ 공부나 경쟁적인 활동 등에서 성취감과 만족을 얻은 경험이 부족했다.
④ 가족이나 선생님, 친구, 동료 등에게서 받은 용납과 사랑의 경험이 부족했다.
⑤ 객관적인 분별력과 건전한 가치관 정립을 위한 교육과 훈련이 부족했다.

5 비판의식에 빠지기 쉬운 사람

비판의식에 빠지기 쉬운 사람이 따로 있을까요? 이제 그런 사람들의 특징 몇 가지를 정리하면 다음과 같습니다.

① 완벽주의 성격이 강하다.
② 패배의식이 강하다.
③ 피해의식이 강하다.
④ 해결되지 않는 미움을 품고 있다.
⑤ 욕구불만이 해소되지 않고 있다.
⑥ 성미가 급하다.
⑦ 분노가 쌓여 있다.
⑧ 심술이 많다.
⑨ 고집이 세다.
⑩ 편협하다.
⑪ 사고방식이 부정적이다.
⑫ 외로움이 심각하다.
⑬ 불안감이 심하다.
⑭ 스트레스가 많다.

⑮ 열등감이 숨어 있다.

6 비판의식으로 병든 자화상 고치기

이제 우리의 관심은 이러한 비판의식의 예방과 치유에 있습니다. 비판의식으로 병든 자화상을 고치고, 비판의식에 빠지지 않으려면 어떻게 해야 할까요? 주님께서는 본문을 통해서 우리에게 몇 가지 명심할 교훈을 제시하고 계십니다. 그것이 무엇입니까?

첫째로, 비판하면 비판을 받게 된다.

"너희가 비판하는 그 비판으로 너희가 비판을 받을 것이요 너희가 헤아리는 그 헤아림으로 너희가 헤아림을 받을 것이니라"(마 7:2).

심판자는 우리 주님이십니다. 우리 자신이 스스로 심판자의 자리에 앉아 형제자매를 비판하지 않도록 주의해야 합니다. 우리가 다 같이 주님의 심판대 앞에 설 것을 명심한다면 비판하는 일을 피하게 될 것입니다.

둘째로, 남을 비판하기 전에 자신을 비판해야 한다.

"어찌하여 형제의 눈 속에 있는 티는 보고 네 눈 속에 있는 들보는 깨닫지 못하느냐 보라 네 눈 속에 들보가 있는데 어찌하여 형제에게 말하기를 나로 네 눈 속에 있는 티를 빼게 하라 하겠느냐"(마 7:3-4).

우리가 거울을 보지 않으면 남들만 보게 됩니다. 거울에 비추어 볼 때 자신의 모습이 보입니다. 우리가 하나님 말씀의 거울에 비추어 보고 우리 자신의 참 모습을 먼저 확인할 필요가 있습니다. 그리하면 남을 비판하기 전에 자신을 비판해야 한다는 사실을 깨닫게 될 것입니다. 그것을 깨달으면 비판의식의 병적인 사고방식에 빠지지 않도록 자신을 지키고, 비판의식에서 빠져 나와 치유받을 수 있게 될 것입니다.

셋째로, 자신을 먼저 고쳐야 남을 고칠 수 있다.

"외식하는 자여 먼저 네 눈 속에서 들보를 빼어라 그 후에야 밝히 보고 형제의 눈 속에서 티를 빼리라"(마 7:5).

우리가 먼저 우리 자신의 잘못을 고치고 문제를 해결해야 남의 잘못과 문제를 효과적으로 해결할 수 있습니다.

물론 우리가 완전해져야만 남을 도와주고, 고치고, 그들의 문제를 해결해줄 수 있다는 뜻은 아닙니다. 만일 그렇다면 일평생 아무도 도와줄 수 없고 고칠 수 없을 것입니다. 왜냐하면 우리는 평생을 걸려도 완전해질 수 없는 한낱 인간이기 때문입니다.

우리가 주님을 의지하여 겸손히 변화의 길을 걷는 모습을 보이면 우리 안에 역사하시는 성령을 통해서 남을 도울 수 있습니다. 심판자의 자리에 앉는 것이 아니라 섬기는 자의 자리에 서서 우리 자신의 약점을 그대로 인정하고, 우리 자신이 성령의 은혜 안에서 변화되어 가는 모습을 그대로 보여주면서 함께 주님을 의지하도록 격려하며 기도하면 됩니다.

비판의식은 마음속에 숨어 있는 열등의식[주]으로부터 스며 나오는 자기 방어기제(self defense mechanism)임을 확인할 수 있습니다. 자신의 약점이 남들에게 투사(projection)될 때 자신의 마음속에서 일어나는 불안감을 피하기 위해 남들을 비판하게 될 수 있습니다. 열등의식으로 위축된 자화상을 그리스도 예수 안에 있는 제 모습으로 바

주) 열등의식에 관하여는 본서 제4장 열등의식과 자화상을 참고하라.

로 고쳐 놓아야 이러한 비판의식의 굴레를 벗어버릴 수 있습니다.

이제 비판의식으로 병든 자화상을 고치기 위한 구체적인 방법을 몇 가지 제안합니다.

① 신뢰할 수 있는 사람에게 물어서 자신의 모습을 객관적으로 파악하십시오.

② 하나님의 말씀 앞에 자신을 비추어 비판의식을 점검해 보십시오.

③ 성장과정에서 받은 상처들을 진단하여 주님의 치유를 받으십시오.

④ 치유되기까지는 부정적인 사람들을 피하고 긍정적인 사람들을 가까이 하십시오.

⑤ 성숙한 신자들과의 교제를 통해서 용납과 사랑을 체험하십시오.

⑥ 주님의 십자가 앞에 분노와 심술, 고집, 편협함, 부정적 사고, 외로움, 불안감, 스트레스를 다 내려놓고 근본적인 치유를 받으십시오.

⑦ 마음속에 숨어 있는 열등감을 주님의 십자가 사랑 안에서 해결하십시오.

7 닫는 글

　우리 자신이 치유되고 변화되는 모습을 본다면 사람들이 함께 주님 앞으로 나와 치유의 은혜를 받게 될 것입니다. 비판자가 아니라 주님의 치유를 경험하는 길로 인도하는 안내자가 되십시오.

비판하면 비판받게 된다.

남을 비판하기 전에 나 자신을 비판하자.

먼저 나를 고쳐야 남을 고칠 수 있다.

개인복습과 그룹토의 및 적용을 위한 질문들

1. 비판의식이 무엇인지 설명해 보십시오.

2. 비판의식의 특징을 열거해 보십시오.

3. 비판의식에 빠지게 되는 원인들을 열거해 보십시오.

4. 비판의식에 빠지기 쉬운 사람의 특징 가운데 당신에게서 발견되는 것은 무엇입니까?

5. 비판의식으로 병든 자화상을 고치기 위한 제안 중에서 당신은 무엇을 받아들이겠습니까?

6. 지금까지 비판의식으로 인해 당신이 주고받은 상처를 함께 나누어 보십시오.

7. 새롭게 깨달은 바를 당신의 삶에 어떻게 적용하겠습니까?

11. 명예탐욕과 자화상

¹·아나니아라 하는 사람이 그의 아내 삽비라와 더불어 소유를 팔아 ²·그 값에서 얼마를 감추매 그 아내도 알더라 얼마만 가져다가 사도들의 발 앞에 두니 ³·베드로가 이르되 아나니아야 어찌하여 사탄이 네 마음에 가득하여 네가 성령을 속이고 땅 값 얼마를 감추었느냐 ⁴·땅이 그대로 있을 때에는 네 땅이 아니며 판 후에도 네 마음대로 할 수가 없더냐 어찌하여 이 일을 네 마음에 두었느냐 사람에게 거짓말한 것이 아니요 하나님께로다 ⁵·아나니아가 이 말을 듣고 엎드러져 혼이 떠나니 이 일을 듣는 사람이 다 크게 두려워하더라 ⁶·젊은 사람들이 일어나 시신을 싸서 메고 나가 장사하니라 ⁷·세 시간쯤 지나 그의 아내가 그 일어난 일을 알지 못하고 들어오니 ⁸·베드로가 이르되 그 땅 판 값이 이것뿐이냐 내게 말하라 하니 이르되 예 이것뿐이라 하더라 ⁹·베드로가 이르되 너희가 어찌 함께 꾀하여 주의 영을 시험하려 하느냐 보라 네 남편을 장사하고 오는 사람들의 발이 문 앞에 이르렀으니 또 너를 메어 내가리라 하니 ¹⁰·곧 그가 베드로의 발 앞에 엎드러져 혼이 떠나는지라 젊은 사람들이 들어와 죽은 것을 보고 메어다가 그의 남편 곁에 장사하니 ¹¹·온 교회와 이 일을 듣는 사람들이 다 크게 두려워하니라

○ 사도행전 5:1~11

1 여는 글

　미국에는 눈 주위가 색안경을 쓴 것처럼 까만 얼룩이 있는 너구리(racoon)가 많이 살고 있습니다. 너구리 손은 사람 손처럼 손가락을 섬세히 놀릴 수가 있어서 물건을 집기도 하고, 물 속을 더듬어 가재를 잡기도 하고, 나무에 오르기도 하고, 네 발로 뛰어다닐 수도 있습니다. 아주 지혜로워 보이는 동물이지만 헛된 욕심 때문에 자유와 생명을 잃기도 합니다.
　오래 전부터 그 욕심을 이용해서 너구리 사냥을 하는 사람들이 있었습니다. 그 사냥 방법을 소개하면 이렇습니다. 먼저 나무로 상자를 만듭니다. 상자 한 면에 튼튼한 창살을 박습니다. 창살 간격을 너구리가 손바닥을 펴서 겨우 들어갈 만큼 촘촘하게 합니다. 상자

속에는 반짝거리는 은박지 조각을 넣어둡니다. 그리고 그 상자를 너구리가 잘 지나 다니는 길목에 말뚝을 박아 묶어둡니다. 그리하면 너구리가 지나가다가 그 은박지에 호기심을 갖고 손바닥을 납작하게 펴서 손을 그 창살 사이로 집어넣어 은박지를 꽉 붙잡습니다. 그러나 은박지를 꽉 붙잡은 주먹은 결코 비좁은 창살 사이로 빼낼 수가 없습니다. 사람이 와서 붙잡아도 꽉 잡은 은박지를 놓지 않습니다. 이렇게 해서 너구리는 먹지도 못하는 은박지에 욕심을 부리다가 자유와 생명을 잃게 됩니다.

세상에는 너구리같이 어리석은 사람들이 있습니다. 은박지처럼 반짝거리는 명예에 탐욕을 부리다가 자유와 생명까지 잃어버리는 사람들이 있습니다.

2 명예탐욕의 정의

명예가 무엇입니까? 명예란 "의로운 목적으로 선한 일을 바르게 추구함으로써 사람들로부터 사랑과 존경과 칭찬을 받게 되는 영광스런 이름"이라고 정의할 수 있습니다. 그러한 명예를 사모하는 것은 아름다운 일입니다. 그것은 참된 의미의 명예이기 때문입니다.

참된 명예는 의로운 목적을 성취한 결과로 얻어집니다. 참된 명예는 선한 일을 한 결과로 얻어집니다. 참된 명예는 일을 바르게 추구한 결과로 얻어집니다. 참된 명예는 자기가 자기 자신에게 부여하는 것이 아니라 다른 사람들이 부여해 주는 것입니다.

신명기 26:16-19을 보면 참된 명예를 분명히 이해할 수 있습니다.

"오늘 네 하나님 여호와께서 이 규례와 법도를 행하라고 네게 명령하시나니 그런즉 너는 마음을 다하고 뜻을 다하여 지켜 행하라 네가 오늘 여호와를 네 하나님으로 인정하고 또 그 도를 행하고 그의 규례와 명령과 법도를 지키며 그의 소리를 들으라 여호와께서도 네게 말씀하신 대로 오늘 너를 그의 보배로운 백성이 되게 하시고 그의 모든 명령을 지키라 확언하셨느니라 그런즉 여호와께서 너를 그 지으신 모든 민족 위에 뛰어나게 하사 찬송과 명예와 영광을 삼으시고 그가 말씀하신 대로 너를 네 하나님 여호와의 성민이 되게 하시리라."

무슨 뜻입니까? 이스라엘 백성이 여호와를 그들의 하나님으로 인정하고 마음과 성품을 다하여 그의 말씀을 지켜 행하면 하나님께서 그들을 자기의 보배로운 백성으로 인정하시고 그들의 칭찬과 명예와 영광이 모든 민족 위에 뛰어나게 해주시겠다는 말씀입니다. 여기서 이스라엘 백성이 추구할 의로운 목적은 무엇이었습니까? 하나님을 하나님으로 인정하여 그에게 영광을 돌리는 것입니다. 이스라엘 백성이 추구해야 선한 일은 무엇이었습니까? 하나님의 말씀을 그의 규례와 명령과 법도에 따라 바르게 지키는 것이었습니다. 그 결과는 무엇이었습니까? 하나님께서 그들을 자기의 보배로운 백성으로 인정하시고 그들의 칭찬과 명예와 영광이 모든 민족 위에 뛰어나게 해주시겠다는 것이었습니다.

그렇다면 명예탐욕(名譽貪慾, greed for honor)은 무엇입니까? 명예탐욕이란 "수단과 방법을 가리지 않고 명예 자체를 목적으로 삼는 탐심"주)을 의미합니다. 정당한 명예를 사모하는 욕구는 하나님께서 주신 선한 동기입니다.

그러나 수단방법을 가리지 않고 명예 자체만을 추구하는 태도는 하나님과의 관계와 인간관계에서 심각한 부작용을 초래합니다. 심

주) "명예탐욕"이라는 용어는 저자가 영어의 "greed"라는 말을 염두에 두고 강조하여 만들어낸 것으로서 그 의미를 이렇게 정의했다. 일반적으로는 "명예욕"이라는 말을 쓰고 있는데 선한 명예에 대한 정당한 욕구와 구별하기 위함이다.

지어는 명예탐욕 때문에 망할 수도 있습니다.

3 명예탐욕으로 망한 성경인물: 아나니아와 삽비라

오늘 우리의 본문에는 이 명예탐욕 때문에 불행을 당한 부부가 소개되고 있습니다. 그들은 아나니아와 삽비라였습니다. 그들 부부의 명예탐욕은 무엇이 문제였습니까?

첫째로, 속임수가 문제였습니다.

사도행전 5:1-6을 살펴보겠습니다.

"아나니아라 하는 사람이 그의 아내 삽비라와 더불어 소유를 팔아 그 값에서 얼마를 감추매 그 아내도 알더라 얼마만 가져다가 사도들의 발 앞에 두니 베드로가 이르되 아나니아야 어찌하여 사탄이 네 마음에 가득하여 네가 성령을 속이고 땅 값 얼마를 감추었느냐 땅이 그대로 있을 때에는 네 땅이 아니며 판 후에도 네 마음대로 할 수가 없더냐 어찌하여 이 일을 네 마음에 두었느냐 사람에게 거짓말한 것이 아니요 하나님께로다 아나니아가 이 말을 듣고 엎드러져 혼이 떠나니 이 일을 듣는 사람이 다 크게 두려워하더라 젊은 사람들이 일어나 시신을 싸서 메고 나가 장사하니라."

명예 자체를 목적으로 삼는 탐욕은 속임수까지 쓰는 것을 개의치 않게 만듭니다. 당시 예루살렘 교회에서 구브로(Cyprus) 출신 레위 사람 바나바(4:36-37)와 같은 신앙인들이 어려운 신자들의 필요를 위해서 자원하여 밭을 팔아 구제헌금으로 드렸을 때 사람들이 하나님께 영광을 돌리고 그들에게 사랑과 칭찬과 존경을 표현했습니다. 그것을 본 아나니아도 아내와 의논하여 소유를 팔아 그 일부를 사도들의 발 앞에 갖다 헌금하였습니다. 땅값의 일부를 헌금한 것은 잘 한 일이었습니다. 그러나 그 중에 일부를 감추고 나머지를 전부라고 하여 전부를 헌금한 것처럼 속인 것이 문제였습니다. 땅을 판 돈을 다 바쳐야만 되는 것이 결코 아니었습니다. 일부만 드려도 아름다운 일이었습니다. 성령을 속이고, 사도를 속이고, 사람들을 속여서라도 명예를 얻고자 한 것이 문제였습니다.

둘째로, 이기심이 문제였습니다.

아나니아와 삽비라 부부는 하나님께 영광을 돌리고자 하는 목적보다 자기 명예를 사고자 하는 이기심이 있었습니다. 가난한 사람들의 필요를 채워주고자 하는 목적보다 자기의 필요를 채우고자 하는 이기심이 있었습니다. 이 이기심이 탐욕으로 발전하였습니다. 사도행전 6:3을 보면 "아나니아야 어찌하여 사탄이 네 마음에 가득하여 네가 성령을 속이고 땅 값 얼마를 감추었느냐?"고 말씀하고 있습니다. 여기 "감추었다"는 말은 헬라어로 "에노스피사토"인데 "떼어먹었다" 또는 "가로챘다"는 강한 의미를 갖고 있습니다. 디도서 2:10의 종들을 향하여 "훔치지 말고 오히려 모든 참된 신실성을 나타내게 하라"는 권면에서도 동일한 단어를 사용하고 있습니다.

그러니까 아나니아와 삽비라 부부는 자기 땅을 팔아서 얻은 돈을 모두 헌금하기로 결정한 후에 그 가운데 얼마를 도로 자기 것으로 떼어먹고 나머지를 가지고 가서 전부라고 헌금하여 명예를 얻고자 한 이기심이 문제가 되었습니다. 이처럼 자신의 명예 자체를 목적으로 하는 이기심은 분별력을 잃게 만들었습니다. 그 결과는 파멸이었습니다.

셋째로, 회개할 기회를 놓치게 만든 것이 문제였습니다.

명예탐욕은 회개할 기회를 놓치게 만드는 것이 문제입니다.

"세 시간쯤 지나 그의 아내가 그 일어난 일을 알지 못하고 들어오니 베드로가 이르되 그 땅 판 값이 이것뿐이냐 내게 말하라 하니 이르되 예 이것 뿐이라 하더라 베드로가 이르되 너희가 어찌 함께 꾀하여 주의 영을 시험하려 하느냐 보라 네 남편을 장사하고 오는 사람들의 발이 문 앞에 이르렀으니 또 너를 메어 내가리라 하니 곧 그가 베드로의 발 앞에 엎드러져 혼이 떠나는지라 젊은 사람들이 들어와 죽은 것을 보고 메어다가 그의 남편 곁에 장사하니 온 교회와 이 일을 듣는 사람들이 다 크게 두려워하니라"(행 6:7-11).

베드로는 삽비라에게 "그 땅 판 값이 이것뿐이냐?" 하고 물었습니다. 그리고 그들 부부가 함께 꾀하여 거짓말을 했다는 것을 지적하였습니다. 그것은 삽비라에게 회개할 기회를 주고자 한 것이었습니다. 그러나 삽비라는 "예, 이것 뿐이라"라고 대답했습니다. 그의 명예탐욕이 회개의 기회를 놓치게 만들었습니다. 그 결과 부부가 세 시간 차이로 함께 죽어 당일에 장사되었습니다. 명예탐욕은 이처럼 사람을 어리석게 만듭니다.

4 명예탐욕의 특징

명예욕의 특징을 정리해 보면 다음과 같습니다.

① 명예 자체를 목적으로 삼는다.

② 자기중심적이고 이기적이다.

③ 부당한 방법을 사용하게 한다.

④ 비교를 잘하게 한다.

⑤ 경쟁을 잘하게 한다.

⑥ 과시를 잘하게 한다.

⑦ 회개의 기회를 잃게 한다.

⑧ 비극적인 결과를 초래한다.

5 명예탐욕에 빠지게 되는 이유

그렇다면 사람들이 이러한 명예욕에 빠지게 되는 이유는 무엇일까요? 많은 이유들 중에 몇 가지 예를 들면 다음과 같습니다.

① 인정받지 못하는 삶을 살아왔기 때문이다.
② 칭찬받지 못하는 삶을 살아왔기 때문이다.
③ 존경받지 못하는 삶을 살아왔기 때문이다.
④ 사랑받지 못하는 삶을 살아왔기 때문이다.
⑤ 욕구불만을 해소하지 못하는 삶을 살아왔기 때문이다.

6 명예탐욕으로 병든 자화상 고치기

명예탐욕에 빠진 사람의 자화상은 어떠할까요? 명예탐욕으로 병든 자화상에는 우월의식이나 열등의식이 얼룩져 있습니다. 그러한 자화상을 고치기 위한 몇 가지 제안을 하겠습니다.

① 명예탐욕의 특징을 파악하십시오.
② 명예탐욕에 빠지는 이유를 이해하십시오.
③ 자신의 우월의식 또는 열등의식을 점검하십시오.
④ 명예욕의 비극적인 결과를 명심하십시오.
⑤ 자기 명예가 아닌 하나님의 영광을 추구하십시오.
⑥ 자기 유익이 아닌 이웃의 유익을 추구하십시오.

⑦ 하나님의 말씀 안에서 의로운 목적으로 선한 일을 바르게 추구하십시오.

7 닫는 글

하나님의 영광과 이웃의 유익을 추구하는 선한 명예를 사모합시다. 속임수를 쓰게 하고, 이기심에 뿌리박고, 회개할 기회를 놓치게 만드는 명예탐욕을 경계합시다.

선한 명예를 사모합시다.
명예탐욕을 경계합시다.

개인복습과 그룹토의 및 적용을 위한 질문들

1. 명예탐욕이 무엇인지 설명해 보십시오.

2. 명예탐욕으로 망한 아나니아와 삽비라의 문제는 무엇이었습니까?

3. 명예탐욕에 빠지게 되는 원인들을 열거해 보십시오.

4. 명예탐욕에 빠지게 되는 이유 가운데 당신 자신에게 해당되는 것은 무엇입니까?

_____
_____

5. 명예탐욕으로 병든 자화상을 고치기 위한 제안 중에서 당신은 무엇을 받아들이겠습니까?

_____
_____

6. 지금까지 당신이 관찰한 혹은 경험한 명예탐욕의 사례들을 함께 나누어 보십시오.

_____
_____

7. 새롭게 깨달은 바를 당신의 삶에 어떻게 적용하겠습니까?

_____
_____

12. 호언장담과 자화상

³¹·시몬아, 시몬아, 보라 사탄이 너희를 밀 까부르듯 하려고 요구하였으나 ³²·그러나 내가 너를 위하여 네 믿음이 떨어지지 않기를 기도하였노니 너는 돌이킨 후에 네 형제를 굳게 하라 ³³·그가 말하되 주여 내가 주와 함께 옥에도, 죽는 데에도 가기를 각오하였나이다 ³⁴·이르시되 베드로야 내가 네게 말하노니 오늘 닭 울기 전에 네가 세 번 나를 모른다고 부인하리라 하시니라

○ 누가복음 22:31~34

1 여는 글

"마음 약한 씨알"이라는 제목의 이솝 우화를 소개합니다.

아기 사슴이 아빠 사슴에게 말했습니다. "아빠, 아빠는 개보다 더 크고 또 빨리 달릴 수 있는 다리를 갖고 태어나셨어요. 게다가 훌륭한 뿔을 가지셨으니 방어를 하실 수도 있고요. 그런데 왜 아빠는 개만 보면 겁을 먹고 도망하시나요?"

아빠 사슴은 수줍은 웃음을 지으면서 대답했습니다. "그래, 아들아! 네 말이 맞다. 나도 그 이유를 잘 모르겠다. 하지만 난 개 짖는 소리만 나면 어쩔 수 없이 도망치려는 충동을 느끼게 되는 걸!"[주]

주) 핸포드(S. A. Handford)가 수집하고 영어로 번역하여 펭귄북 출판사(Penguin Books, Ltd.)에서 1954년에 초판을 발행했고, 1964년도에 신판을 낸 후 1969년에 영국에서 3판을 출간한 이솝의 우화들(Fables of Aesop) 제62번에 "겁약한 천성"이라는 주제로 아기 사슴과 아빠 사슴 이야기가 나온다. 여기서는 유종호 옮김, "마음 약한 씨알," 이솝 전집. 대한민국 서울:민음사 1996, p.86에서 인용하여 저자의 문체로 다시 편집했다.

타고난 겁쟁이는 아무리 격려해도 용감해질 수 없다!

그럴 듯하기는 한데 저는 여기에 의문을 제기합니다. 천성이 겁약하면 용감해질 수 없는 것인가? 반대로, 용기 있는 천성을 갖고 태어나면 겁약해지지 않는가? 이 주제와 관련된 이솝 우화 하나를 더 생각해 보겠습니다. "호언장담"이라는 제목의 이야기입니다.

사자의 발자국을 찾고 있던 사냥꾼이 나무꾼을 만나 "사자의 발자국을 보았습니까? 사자 굴이 어디 있는지 아십니까?" 하고 물었습니다.

나무꾼은 사자 발자국이나 사자 굴보다는 차라리 사자가 어디 있는지를 보여주겠다고 했습니다. 이 말에 사냥꾼은 두려워서 얼굴이 하얗게 질리고 이를 덜덜 떨면서 대답했습니다. "난 그저 사자 발자국을 찾고 있는 것이지 사자를 찾고 있는 것은 아닙니다."

말로는 큰 소리 치지만 실제 행동은 그렇지 못한 겁쟁이의 호언장담을 드러내 주는 이야기입니다.[주]

주) Op. cit., p.214에서 인용하여 저자의 문체로 재편집함.

2 호언장담의 정의

호언장담이 무엇입니까? 호언장담의 정의를 내리자면 이렇습니다. "자기가 잘 알지 못하고 또 실천하기 어려운 일들에 대해서 큰 소리로 단언하는 것"을 가리킵니다. 동기가 순전하다 할지라도 자신이 정확히 알지 못하는 일이나, 실천하기 어려운 일들에 대해서 큰 소리로 단언을 하면 그 자체가 어리석은 일이고 또 실수하기가 쉽습니다.

3 호언장담을 한 성경인물: 베드로

누가복음 22:31-34에 이솝 우화의 그 사냥꾼과 비슷한 인물이 소개되고 있습니다. 앞장서서 말하고 모험적이었던 사람, 남들이 쉽게 할 수 없는 말들을 서슴없이 했던 베드로였습니다. 그는 22:33에서 이렇게 호언장담을 했습니다.

"주여 내가 주와 함께 옥에도, 죽는 데에도 가기를 각오하였나이다!"

베드로의 호언장담은 무엇이 문제였을까요?

첫째로, 자기 자신을 잘 알지 못하는 무지가 문제였습니다.

베드로는 자기 자신이 어떤 사람인지도 잘 알지 못하면서 호언장담을 했습니다. 주님께서는 즉시 베드로의 무지를 깨우쳐 주셨습니다.

"이르시되 베드로야 내가 네게 말하노니 오늘 닭 울기 전에 네가 세 번 나를 모른다고 부인하리라 하시니라"(눅 22:34).

베드로는 크게 두 가지 사실을 잘 알지 못하였습니다. 첫째는, 바로 그 날 밤에 주님을 모른다고 부인할 자기 자신의 연약함을 알지 못했습니다. 둘째로, 사탄이 그를 시험하고자 한다는 사실을 알지 못했습니다.

"시몬아, 시몬아, 보라 사탄이 너희를 밀 까부르듯 하려고 요구하였으나" (눅 22:31).

우리가 우리 자신을 다 알고, 잘 아는 것 같으나 실상은 그렇지 못합니다. 우리가 우리 주변 상황을 잘 파악하고, 이웃을 잘 알고, 하는 일들을 다 알고, 내 힘으로 그 일들을 다 해 낼 수 있을 것 같으나 그렇지 못합니다. 우리 자신이 큰 소리 칠 수 없는 인생임을 기억해야 합니다. 그뿐입니까? 우리는 주님이 어떤 분이시며 사탄이 누구인가도 잘 모르고 살고 있지 않습니까? "주제 파악을 잘 하십시다!" "상황 판단도 잘 하십시다!"

둘째로, 기도 없이 큰 소리부터 친 것이 문제였습니다.

주님께서는 베드로의 약점을 잘 아시고 베드로를 위하여 기도하신 후에 미리 이 말씀을 하셨습니다.

"시몬아, 시몬아, 보라 사탄이 너희를 밀 까부르듯 하려고 요구하였으나 그러나 내가 너를 위하여 네 믿음이 떨어지지 않기를 기도하였노니 너는 돌이킨 후에 네 형제를 굳게 하라"(눅 22:31-32).

이 말을 들은 베드로는 주님이 왜 그런 말씀을 하셨는지 깊이 생각하거나 기도할 시간도 없이 즉시 호언장담을 했습니다.

"그가 말하되 주여 내가 주와 함께 옥에도, 죽는 데에도 가기를 각오하였나이다"(눅 22:33).

사실, 기도하지 않아도 되실 주님은 기도하셨는데, 반드시 기도해야 할 베드로는 기도하지 않았습니다. 호언장담을 해도 되실 주님은 신중하게 말씀하셨는데, 신중해야 할 연약한 사람인 베드로는 앞뒤를 가리지 않고 큰 소리부터 쳤습니다. "기도 없이 큰 소리 치지 맙시다!"

셋째로, 단련된 믿음 없이 큰 소리 친 것이 문제였습니다.

주님은 베드로의 믿음이 떨어지지 않게 미리 기도해 주셨습니다. 그리고 그가 주님을 부인하고 나서 회개하고 돌이킨 후에 형제들을 굳게 할 것도 내다보시고 격려해 주셨습니다.

"그러나 내가 너를 위하여 네 믿음이 떨어지지 않기를 기도하였노니 너는 돌이킨 후에 네 형제를 굳게 하라"(눅 22:32).

베드로는 자신의 믿음이 연약하다는 것을 잘 알지 못하였습니다. 사탄의 시험에 넘어질 수 있다는 것을 미리 내다보지 못했습니다. 자기는 어떤 희생도 용기 있게 감당할 수 있는 사람이라고 판단

했습니다. 자신의 믿음이 시험을 통과하고 시련을 겪으면서 단련된 믿음은 못된다는 것을 심각하게 생각하지 못했습니다. 단련된 믿음 없이 큰 소리 친 것이 문제였습니다. "단련된 믿음 없이 큰 소리 치지 맙시다!"

4 호언장담을 잘 하는 사람의 특징

베드로처럼 자신을 잘 알지 못하고 상황을 정확히 파악하지 못한 상태에서 기도 없이, 단련된 믿음 없이 큰소리치는 호언장담은 실패의 지름길입니다. 그렇다면 그런 호언장담을 잘 하는 사람들의 특징은 무엇일까요? 몇 가지 특징을 살펴보면 다음과 같습니다.

① 열정적이다.
② 모험적이다.
③ 헌신적이다.
④ 의협심이 강하다.
⑤ 소신이 강하다.
⑥ 생각하는 논리가 약하다.

⑦ 주제와 상황을 잘 파악하지 못한다.

⑧ 자신의 실력을 과신한다.

⑨ 무책임한 말을 쉽게 한다.

⑩ 변명을 잘 한다.

⑪ 뻔뻔하다.

⑫ 생각이나 행동이 극단적이다.

⑬ 실속이 없다.

⑭ 한 가지 일에 집중하지 못한다.

⑮ 검증되지 않은 미숙한 믿음을 갖고 있다.

5 호언장담으로 병든 자화상 고치기

　호언장담을 쉽게 하는 사람들에게서는 자신을 과신하는 우월의식^{주)}을 관찰할 수 있습니다. 호언장담으로 병든 자화상을 고치기 위한 몇 가지 제안을 드리겠습니다. 거듭 강조하지만 우리를 치유하시는 분은 하나님 아버지이십니다. 예수 그리스도이십니다. 성령이

주) 우월의식에 관하여는 본서 제3장 우월의식과 자화상을 참고하라.

십니다. 우리의 죄와 함께 질고를 담당하신 예수 그리스도 안에서 성령을 통하여 우리를 치료하시는 하나님 아버지의 능력의 손에 맡겨야 우리의 병든 자화상을 고칠 수 있습니다.

호언장담으로 병든 자화상을 고치려면 다음과 같이 해야 합니다.

① 당신 자신의 주제와 상황을 잘 파악하도록 하십시오.

② 무슨 말을 하기 전에 먼저 기도하시고 주님의 인도를 받으십시오.

③ 말과 행동이 일치되도록 하기 위해서 믿음의 단련에 힘쓰십시오.

④ 당신 자신을 믿지 말고 오직 능력주시는 주님을 믿으십시오.

⑤ 당신 자신의 생각보다는 언제나 주님의 말씀에 귀를 기울이십시오.

6 닫는 글

시편 기자는 60:12에서 "우리가 하나님을 의지하고 용감하게 행하리니 그는 우리의 대적을 밟으실 이심이로다"라고 말씀했습니다. 실속 없는 호언장담보다는 주님을 알고, 나를 알며, 오직 주님을 의지하여 승리하는 진정한 용기를 갖기를 바랍니다.

주님을 알고, 나를 알고
호언장담을 경계합시다!

개인복습과 그룹토의 및 적용을 위한 질문들

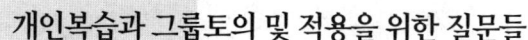

1. 호언장담이 무엇인지 설명해 보십시오.

2. 호언장담을 한 베드로의 문제는 무엇이었습니까?

3. 당신에게도 베드로의 경우와 비슷한 문제가 있다면 말씀해 보십시오.

4. 호언장담을 잘하는 사람의 특징 가운데 당신 자신에게 해당되는 것은 무엇입니까?

5. 호언장담으로 병든 자화상을 고치기 위한 제안 중에서 당신은 무엇을 받아들이겠습니까?

6. 지금까지 당신이 관찰한 혹은 경험한 호언장담의 사례들을 함께 나누어 보십시오.

7. 새롭게 깨달은 바를 당신의 삶에 어떻게 적용하겠습니까?

13. 패배의식과 자화상

³⁰·갈렙이 모세 앞에서 백성을 조용하게 하고 이르되 우리가 곧 올라가서 그 땅을 취하자 능히 이기리라 하나 ³¹·그와 함께 올라갔던 사람들은 이르되 우리는 능히 올라가서 그 백성을 치지 못하리라 그들은 우리보다 강하니라 하고 ³²·이스라엘 자손 앞에서 그 정탐한 땅을 악평하여 이르되 우리가 두루 다니며 정탐한 땅은 그 거주민을 삼키는 땅이요 거기서 본 모든 백성은 신장이 장대한 자들이며 ³³·거기서 네피림 후손인 아낙 자손의 거인들을 보았나니 우리는 스스로 보기에도 메뚜기 같으니 그들이 보기에도 그와 같았을 것이니라 ¹·온 회중이 소리를 높여 부르짖으며 백성이 밤새도록 통곡하였더라 ²·이스라엘 자손이 다 모세와 아론을 원망하며 온 회중이 그들에게 이르되 우리가 애굽 땅에서 죽었거나 이 광야에서 죽었으면 좋았을 것을 ³·어찌하여 여호와가 우리를 그 땅으로 인도하여 칼에 쓰러지게 하려 하는가 우리 처자가 사로잡히리니 애굽으로 돌아가는 것이 낫지 아니하랴 ⁴·이에 서로 말하되 우리가 한 지휘관을 세우고 애굽으로 돌아가자 하매 ⁵·모세와 아론이 이스라엘 자손의 온 회중 앞에서 엎드린지라 ⁶·그 땅을 정탐한 자 중 눈의 아들 여호수아와 여분네의 아들 갈렙이 자기들의 옷을 찢고 ⁷·이스라엘 자손의 온 회중에게 말하여 이르되 우리가 두루 다니며 정탐한 땅은 심히 아름다운 땅이라 ⁸·여호와께서 우리를 기뻐하시면 우리를 그 땅으로 인도하여 들이시고 그 땅을 우리에게 주시리라 이는 과연 젖과 꿀이 흐르는 땅이니라 ⁹·다만 여호와를 거역하지는 말라 또 그 땅 백성을 두려워하지 말라 그들은 우리의 먹이라 그들의 보호자는 그들에게서 떠났고 여호와는 우리와 함께하시느니라 그들을 두려워하지 말라 하나 ¹⁰·온 회중이 그들을 돌로 치려 하는데 그 때에 여호와의 영광이 회막에서 이스라엘 모든 자손에게 나타나시니라

○ 민수기 13:30~14:10

1 여는 글

미국의 서부 개척시대였습니다. 금광을 찾아 부자가 되어보려는 사람들이 있었습니다. 그 중에 다비(R. U. Darby)라는 인물이 있었습니다. 그는 서부에 가서 채광권을 얻어 땅을 파들어 가다가 드디어 금맥을 발견했습니다.

이제 그에게 필요한 것은 채광에 필요한 기계들이었습니다. 그는 조용히 흙으로 그 굴을 덮고 메릴런드 주의 윌리엄스버그(Williamsburg, Maryland)에 있는 집으로 돌아와서 가족과 친척과 이웃들에게 그 이야기를 들려주었습니다.

사람들은 앞 다투어 투자를 해서 채광기계를 살 돈을 마련해 주었습니다. 드디어 금광석이 제련소로 보내졌고 콜로라도 주에서 채

산성이 매우 높은 금광으로 판명되었습니다. 그런데 금맥이 갑자기 끊어진 것이었습니다. 다비는 계속 밑으로 파 내려갔습니다. 그러나 결국 그는 포기하고 모든 채광기계들을 고철상에 팔아 치운 다음 기차를 타고 고향으로 돌아갔습니다.

한편 고철상은 광산기사를 불러 그 금광을 다시 조사케 했습니다. 그 기사는 다비가 포기한 그 지점에서 3피트 거리에 금맥이 이어지고 있다고 보고했습니다. 그 고철상은 그 금광에서 엄청난 돈을 벌게 되었습니다.[주]

남들이 포기하고 떠나버린 그 자리에서 한 발자국 더 나아간 사람이 결국 성공하게 되는 사례들이 적지 않습니다. 그런데 어떤 사람들은 성급하게 포기합니다. 어떤 사람들은 작은 실패를 너무 크게 생각합니다. 어떤 사람들은 한 번 실패를 영원한 실패로 고집합니다. 또 어떤 사람들은 새로운 기회가 주어져도 자포자기하고 맙니다. 자기는 뭐든지 해 봐야 되는 것이 없다고 생각합니다. 이런 사고방식을 "패배의식"이라고 합니다.

주) 이재은 편저. 기독교 문장대백과사전 제12권. 대한민국 서울: 성서연구사 1995, p.804-805에서 인용하여 편집함.

2 패배의식의 정의

패배의식(defeatism)을 정의하자면 "직접 또는 간접적인 실패의 경험으로 인하여 좌절한 나머지 또 다시 실패할 것이 두려워 새롭게 시도할 용기를 잃고 미래에 대한 도전을 단념하고 나서 자신의 결정을 합리화하는 부정적 사고방식"이라고 할 수 있습니다.

3 패배의식에 사로잡힌 이스라엘 열 정탐꾼과 백성

민수기 13:30-14:10은 패배의식의 대표적인 사례를 기록하고 있습니다. 모세가 이스라엘 열두 지파를 대표하는 열두 정탐꾼을 하나님께서 약속하신 가나안 땅에 보냈는데 그들이 돌아와 보고하는 내용이 민수기 13:25-29에 나옵니다. 그들은 모세에게 "당신이 우리를 보낸 땅에 간즉 과연 그 땅에 젖과 꿀이 흐르는데 이것은 그 땅의 과일이니이다. 그러나 그 땅 거주민은 강하고 성읍은 견고하고 심히 클 뿐 아니라 거기서 아낙 자손을 보았으며"(13:27-28)라고 말했습니다. 한 마디로 땅은 좋은데 차지하기는 어렵겠다는 것이었습니다.

이 대목에서 본문이 시작됩니다. 가나안 땅에 거인 아낙 자손이 살고 그 땅 성읍이 튼튼하고 백성이 강하다는 말에 이스라엘 백성의 마음도 흔들리기 시작했습니다. 패배의식에 사로잡힌 열 정탐꾼들의 보고를 들은 이스라엘 백성도 즉각적인 영향을 받아 함께 패배의식에 빠졌습니다.

4 패배의식의 구성요소

민수기 13:31-33에 근거하여 먼저 이스라엘 열 정탐꾼의 패배의식의 구성요소를 함께 분석해 보겠습니다.

단념(give-up)

그들은 가나안 땅을 단념하는 말을 하고 있습니다. "그와 함께 올라갔던 사람들은 이르되 우리는 능히 올라가서 그 백성을 치지 못하리라"(31절상). 이것은 가나안 땅을 포기하자는 말이었습니다.

합리화(rationalization)

그들은 가나안 땅을 단념해야 할 이유를 들어 자신들의 결정을 합리화했습니다. "그들은 우리보다 강하니라"(31절하). 이것은 정직하게 말해서 "겁난다. 무섭다. 난 희생하지 않겠다"는 말이었습니다. 하지만 그런 말을 하면 겁쟁이라는 말을 들을까봐 그럴듯한 이유를 내세워 자신들의 결정을 합리화한 것이었습니다. 다시 말해서 "가봐야 패배할 것이 뻔하다. 해 봐야 안 된다. 그러니 포기하자"라는 말이었습니다.

악평(bad criticism)

그들은 가나안 땅에 대해서 악평을 했습니다. "우리가 두루 다니며 정탐한 땅은 그 거주민을 삼키는 땅이요"(32절중). 그들이 앞에서는 분명히 그 땅을 "과연 젖과 꿀이 흐르는 땅"(27절)이라고 말했습니다. 그러나 그 말을 뒤집어 "우리가 두루 다니며 정탐한 땅은 그 거주민을 삼키는 땅"이라고 했습니다. 일단 단념하기로 결정을 내렸기 때문에 그들은 자신을 합리화하기 위해 그렇게 둘러댄 것입니다. 악평하기로 작정하면 일관성이 없는 말을 주저치 않고 하게 됩니다.

과장(exaggeration)

그들은 자신을 합리화하기 위해서 사실을 과장했습니다. "…거기서 본 모든 백성은 신장이 장대한 자들이며 거기서 네피림 후손인 아낙 자손의 거인들을 보았나니 우리는 스스로 보기에도 메뚜기 같으니 그들이 보기에도 그와 같았을 것이니라"(32-33절). 세상에 아무리 신장과 체격이 크다 해도 사람과 메뚜기를 비교할 정도로 차이가 나는 인종은 역사상 없었고 앞으로도 없을 것입니다. 열 정탐꾼은 사실을 과장해도 너무 했습니다.

선동(instigation)

그들은 자기 합리화를 위해서 다수의 사람들을 선동하였습니다. "이스라엘 자손 앞에서 그 정탐한 땅을 악평하여 이르되…"(32절상). 사실 정탐꾼들은 이스라엘 열두 지파의 대표들이요, 책임 있는 지도자들이었습니다. 그들이 정탐한 가나안 땅에 문제가 있다면 백성 앞에서 큰 소리로 말할 것이 아니라 모세와만 조용히 말하여 백성이 소동하지 않도록 지혜롭게 처신했어야 옳습니다. 그러나 패배의식에 사로잡힌 사람은 자신의 합리화에 급급하지 백성 전체의 유익이나 하나님의 뜻을 추구하는 일까지 생각을 깊이 하지 못합니다.

이제 민수기 14:1-4에 근거하여 여호수아와 갈렙을 제외한 열 정탐꾼의 선동에 휘말린 백성들이 보여준 패배의식을 함께 살펴보겠습니다.

우울증(depression)

패배의식에 사로잡힌 이스라엘 백성은 집단 우울증에 빠졌습니다. "온 회중이 소리를 높여 부르짖으며 백성이 밤새도록 통곡하였더라"(1절). 몇 사람의 선동이 얼마나 어처구니없는 결과를 초래했습니까? 선동하는 몇 사람에게도 책임이 있고, 선동에 무더기로 말려든 회중에게도 문제가 있습니다. 그들은 성숙하지 못한 개개인, 불신앙적인 사람들, 무지한 백성, 경험과 훈련이 부족한 사람들로 구성되어 있었습니다. 바로 이러한 군중심리를 이용하는 사람들을 경계할 필요가 있습니다. 우울증은 개개인에게 미치는 영향도 크거니와 집단적으로 미치는 영향은 걷잡을 수 없는 파급효과가 있습니다. 패배의식이 가져다주는 우울증은 개인과 가정과 교회와 직장과 나라와 민족의 소망을 끊어놓을 수 있습니다.

원망(resentment)

패배의식은 책임을 남에게 돌리기 위해 원망을 하게 만듭니다. 이스라엘 백성은 그들의 지도자 모세와 아론을 원망했습니다. "이스라엘 자손이 다 모세와 아론을 원망하며"(2절상). 거기서 그치지 않았습니다. 그들은 심지어 하나님까지 혹독하게 원망했습니다. "어찌하여 여호와가 우리를 그 땅으로 인도하여 칼에 쓰러지게 하려 하는가?"(3절상). 한두 사람의 원망이 아니었습니다. 이스라엘 자손이 모두 "다"(2절) 원망했다고 말씀하고 있습니다.

후퇴(withdraw)

패배의식은 또한 뒤로, 과거로 물러가게 합니다. 이스라엘 백성이 그랬습니다. "우리가 애굽 땅에서 죽었거나 이 광야에서 죽었으면 좋았을 것을!"(2절하). "우리 처자가 사로잡히리니 애굽으로 돌아가는 것이 낫지 아니하랴!"(3절하). 패배의식이 가르쳐 주는 방향은 사는 길 같으나 실상은 죽는 길입니다.

배신(betrayal)

패배의식은 결국 하나님과 이웃과 자기 자신을 배신하는 길을 걷도록 부추깁니다. "이에 서로 말하되 우리가 한 지휘관을 세우고 애굽으로 돌아가자 하매"(4절). 이스라엘 백성은 하나님의 뜻을 저버리고, 모세와 아론과 여호수아와 갈렙에게 등을 돌리고, 끝내는 자기 자신까지도 배신하고 다른 지도자를 세워 애굽으로 돌아가자고 했습니다. 이것은 실로 큰 배신이었습니다.

실망(disappointment)과 분노(anger)

본문 전체를 통해서 여호수아와 갈렙을 제외한 열 정탐꾼과 이스라엘 백성의 실망과 분노가 역력히 드러나고 있습니다. "온 회중이 그들을 돌로 치려 하는데…"(10절상). 패배의식은 실망과 분노 속에서 태어나고 자라고 굳어집니다. 소망이 파고 들어갈 틈을 막아 버립니다. 그리고 기회가 오면 두려운 일을 저지를 수 있습니다.

5 패배의식의 특징

이와 같이 패배의식은 단념, 합리화, 악평, 과장, 선동, 우울증, 원망, 후퇴, 배신, 분노와 실망으로 구성되어 있습니다. 이러한 패배의식의 특징을 정리하면 다음과 같습니다.

① 부정적이다.

② 파괴적이다.

③ 비판적이다.

④ 방어적이다.

⑤ 편협하다.

⑥ 절망적이다.

⑦ 과거지향적이다.

⑧ 불신앙적이다.

6 패배의식으로 병든 자화상 고치기

패배의식에 빠진 자화상은 열등의식^{주)}에 뿌리를 박고 있습니다. 패배의식에서 벗어나려면 열등의식을 점검함과 동시에 다음 사항을 가슴에 새겨두고 주님을 의지하시기 바랍니다.

―――――

주) 열등의식에 관하여는 본서 제4과 열등의식과 자화상을 참고하라.

① 사실을 직시하십시오.

사실을 정직하게 바라볼 때 패배의식에 빠지지 않게 됩니다. 여호수아와 갈렙이 그랬습니다. 민수기 14:6-7을 보십시오.

"그 땅을 정탐한 자 중 눈의 아들 여호수아와 여분네의 아들 갈렙이 자기들의 옷을 찢고 이스라엘 자손의 온 회중에게 말하여 이르되 우리가 두루 다니며 정탐한 땅은 심히 아름다운 땅이라."

현실을 정직하게 객관적으로 파악할 때 패배의식을 물리칠 수 있습니다.

② 긍정적인 생각을 하십시오.

열 명의 정탐꾼들이 부정적인 생각을 할 때 갈렙은 긍정적인 생각을 가졌습니다.

"갈렙이 모세 앞에서 백성을 조용하게 하고 이르되 우리가 곧 올라가서 그 땅을 취하자 능히 이기리라 하나"(민 13:30).

올라가자! 그 땅을 취하자! 능히 이기리라! 그렇습니다! 긍정적인 생각이 패배의식을 물러가게 합니다.

③ 하나님을 신뢰하십시오.

그러나 인간 차원의 긍정적인 생각만으로는 해결되지 않습니다. 우리가 하나님을 신뢰할 때 승리할 수 있습니다. 이스라엘 온 백성이 패배의식에 빠져서 애굽으로 되돌아가자고 할 때 갈렙과 여호수아는 하나님을 신뢰하고 가나안 땅으로 올라가자고 했습니다.

"여호와께서 우리를 기뻐하시면 우리를 그 땅으로 인도하여 들이시고 그 땅을 우리에게 주시리라 이는 과연 젖과 꿀이 흐르는 땅이니라 다만 여호와를 거역하지는 말라 또 그 땅 백성을 두려워하지 말라 그들은 우리의 먹이라 그들의 보호자는 그들에게서 떠났고 여호와는 우리와 함께 하시느니라 그들을 두려워하지 말라 하나"(8-9절).

하나님을 신뢰하고 하나님의 뜻을 추구하면 가나안 땅의 아낙 자손과 같은 거인들도 정복할 수 있습니다. 우리의 능력이 아니라 하나님의 능력이 함께하시기 때문입니다. 패배의식은 곧 불신앙입니다. 불신앙은 하나님의 능력은 물론, 사람의 능력조차 믿지 못하게 합니다. 그러나 믿음은 하나님의 능력을 의지하여 하나님의 뜻을 성취하게 합니다.

④ 하나님 앞에 엎드리십시오.

패배의 위기 앞에서도 하나님 앞에 엎드려 도움을 구하면 해결책을 찾아 승리할 수 있습니다. 모세와 아론은 열 정탐꾼과 백성이 실망하고 패배의식에 사로잡혔을 때 함께 실망하지 않았습니다. 그 대신에 그들은 하나님 앞에 엎드렸습니다.

"모세와 아론이 이스라엘 자손의 온 회중 앞에서 엎드린지라"(14:5).

아무리 절망적인 상황에서도 하나님 앞에 엎드리면 해결책이 있습니다.

"온 회중이 그들을 돌로 치려 하는데 그 때에 여호와의 영광이 회막에서 이스라엘 모든 자손에게 나타나시니라"(14:10).

하나님 앞에 엎드려 그의 도우심을 간구하면 하나님이 책임져 주십니다. 우리가 하나님의 일을 하면 하나님께서 우리 일을 돌보아 주시기 때문입니다. 하나님을 의지하고 그의 뜻을 이루기 위해

간구하는 사람은 하나님의 응답을 받습니다.

7 닫는 글

실패한 경험 때문에 실망한 분이 있습니까? 또 다시 실패할까 염려하여 두려워하고 있는 분이 있습니까? 패배의식에 사로잡힌 분이 있습니까? 사실을 직시하십시오. 긍정적인 생각을 가지십시오. 하나님을 신뢰하십시오. 하나님 앞에 엎드려 도우심을 구하십시오. 그리고 하나님의 간섭과 승리를 체험하십시오.

레슬리 브랜트(Leslie Brandt)의 시, "오늘의 시편"을 함께 나누고 싶습니다.

주여, 나는 차라리 자리에 누워 가만히 있었어야 했습니다.
내가 해보려는 일은 모조리 실패하기 마련인가 봅니다.
내 딴은 동포들에게 마음을 쓰려 했지만 오히려 냉대를 받았고,
위로의 말을 해주려 했지만 나에게 매몰스레 역정을 냈습니다.
내가 종사하는 일 잘하려 했지만 모든 일을 방해한 꼴이 되었습니다.

주여, 때로는 하는 일 시답지 않아 걷어치우고,

더 푸른 목장을, 더 보람 있는 일을 찾아 나설까 하는 분심이 듭니다.

나는 어떻게든 성공하고 싶고, 더 훌륭한 성과를 거두고 싶고,

가끔 칭찬도 듣고 싶습니다.

하오나 주여, 오늘도 그런 일 이루어지지 않았고,

실상 언제나 이루어지지 않으니, 무엇이 잘못이옵니까?

주님이 인도하고자 하시는 인생행로 이 몸은 걷고 있습니까?

아니면 계획 없이 어물어물 나날을 보내고 있는 것입니까?

하나님, 지난날보다 오늘 더 절실히 당신의 보살핌을 간구합니다.

주님의 미더운 도우심 얻지 못하고 자애로운 뒷받침과 부추김 받지 못하면

이 몸 절망의 수렁에 빠지리이다.

주여, 좀더 가까이 오시어, 주님의 그 위로의 말씀, 격려의 말씀을

내가 다시 들을 수 있게 하소서![주)]

주) 이재은 편저. 기독교문장대백과사전 12권. 대한민국 서울: 성서연구사 1995, pp.799-800에서 인용하여 재편집.

우리가 경계할 것은 패배의식

패배의식의 불신앙을 버리고 주님을 의지하여 승리합시다!

개인복습과 그룹토의 및 적용을 위한 질문들

1. 패배의식이 무엇인지 설명해 보십시오.

2. 이스라엘 열 정탐꾼과 백성의 패배의식 구성요소는 무엇이었습니까?

3. 당신에게도 이스라엘 열 정탐꾼과 백성의 경우와 비슷한 문제가 있다면 말씀해 보십시오.

4. 패배의식의 특징 가운데 당신에게 해당되는 것은 무엇입니까?

5. 패배의식으로 병든 자화상을 고치기 위한 제안 중에서 당신은 무엇을 받아들이겠습니까?

6. 지금까지 당신이 관찰한 혹은 경험한 패배의식의 사례들을 함께 나누어 보십시오.

7. 새롭게 깨달은 바를 당신의 삶에 어떻게 적용하겠습니까?

14. 교만과 자화상

⁹·또 자기를 의롭다고 믿고 다른 사람을 멸시하는 자들에게 이 비유로 말씀하시되 ¹⁰·두 사람이 기도하러 성전에 올라가니 하나는 바리새인이요 하나는 세리라 ¹¹·바리새인은 서서 따로 기도하여 이르되 하나님이여 나는 다른 사람들 곧 토색, 불의, 간음을 하는 자들과 같지 아니하고 이 세리와도 같지 아니함을 감사하나이다 ¹²·나는 이레에 두 번씩 금식하고 또 소득의 십일조를 드리나이다 하고

○ 누가복음 18:9~12

1 여는 글

흑해(Black Sea) 남쪽, 그리스의 식민지 시노페(Sinope)에서 태어나 아테네(Athens)와 고린도(Corinth)에서 활동하며 가난을 자랑으로 여겼던 거지 철학자 디오게네스(Diogenes, 412?-323 B.C.)가 어느 날 부요를 자랑으로 여겼던 귀족 철학자 플라톤(Plato, 427?-347? B.C.)의 궁궐 같은 집을 방문했습니다. 응접실 마루에 깔려 있는 호화스런 양탄자 위를 걸어가던 디오게네스는 마치 벌레를 죽이듯이 발바닥으로 양탄자를 짓밟으며 문질러댔습니다. 가난의 철학이 부요의 철학을 그렇게 짓밟은 것이었습니다.

다음번에는 플라톤이 비가 새는 집에 누더기 양탄자를 깔아놓고 가난을 과시하는 디오게네스 집을 방문했습니다. 그 집 거실에 들어간 플라톤은 마치 뱀의 머리를 짓밟아 뭉개듯이 그 누더기 양탄자를 발바닥으로 짓밟아 뭉갰습니다. 부요의 철학이 가난의 철학을 그렇게 짓밟은 것이었습니다.[주]

철학자들의 신념을 이해할 수는 있지만, 디오게네스나 플라톤은 둘 다 교만이 무엇인가를 행동으로 보여준 철학자들이었던 것 같습니다. 부자나 가난한 자가 둘 다 교만할 수 있다는 것을 우리는 압니다. 교만은 배운 자나 배우지 못한 자, 신분이 높은 자나 낮은 자, 가진 자나 못 가진 자를 가리지 않습니다. 교만은 인간관계를 무너뜨립니다. 신선한 분위기를 오염시킵니다. 자신과 이웃의 행복을 깨뜨립니다. 외로움에 빠지게 합니다. 결국에는 패망을 초래합니다. 잠언 16:18은 경고하기를 "교만은 패망의 선봉이요 거만한 마음은 넘어짐의 앞잡이니라"고 했습니다.

2 교만의 정의

교만이 무엇일까요? 교만의 정의를 어떻게 내릴 수 있을까요?

주) 이재은 편저, 기독교 문장대백과사전 제3권, 대한민국 서울: 성서연구사 1995, p.113에서 인용하여 재편집함.

교만은 "하나님과의 관계와 이웃과의 관계에서 자기 자신을 스스로 불합리하게 높이는 태도"[주1]라고 단순하게 이해할 수 있을 것입니다. 교만은 속히 고쳐야 할 무서운 병입니다. 교만이 고쳐지면 겸손이 됩니다. 오늘 우리 마음속에 교만이 조금이라도 있다면 성령의 은혜를 받아서 그 교만을 겸손으로 고쳐 행복한 사람이 되어 삶의 현장으로 향하기를 소원합니다.

3 교만의 극치였던 성경인물: 바벨론 왕 느브갓네살과 두로 왕

교만의 사례를 찾아보면 본문 이사야 14:12-20에 소개된 바벨론 왕이 대표적인 인물입니다. 여기 나오는 바벨론 왕은 신바벨론 왕국의 느브갓네살 2세(Nebuchadnezzar II, King of Neo-Babylonian Empire, 605-562 B.C.)[주2]입니다. 이사야 14:13-14에 보면 "네가 네 마음에 이르기를 내가 하늘에 올라 하나님의 뭇 별 위에 내 자리를 높이리라 내가 북

주1) J. R. Beck, "Pride," in David G. Brenner, editor. Baker Encyclopedia of Psychology. Grand Rapids: Baker Book House, 1985, p.869 참고. 여기서는 학자들의 의견을 참고하여 회중/독자가 이해하기 쉽도록 저자 나름대로 정의했다

주2) 이 인물에 관하여 더 알기를 원한다면 Merrill C. Tenney, general editor. The Zondervan Pictorial Bible Dictionary. Grand Rapids, Michigan: Zondervan Publishing House, 1978, pp.576-578을 참조하라

극 집회의 산 위에 앉으리라 가장 높은 구름에 올라가 지극히 높은 이와 같아지리라 하는도다"라고 했습니다. 아무리 바벨론 나라가 강하고 그 왕이 권세가 컸을지라도 한낱 인간인 그가 자신의 위치를 스스로 높여 창조주요, 만물의 주인이신 하나님과 비기겠다고 한 것은 교만의 극치라고 하겠습니다.

또 있습니다. 에스겔 28:1-10에 언급된 두로 왕(Ruler of Tyre) 주1)이 그 인물입니다. 여호와 하나님께서 두로 왕에 대하여 에스겔 선지자에게 주신 말씀을 살펴보겠습니다.

> "인자야 너는 두로 왕에게 이르기를 주 여호와께서 이같이 말씀하시되 네 마음이 교만하여 말하기를 나는 신이라 내가 하나님의 자리 곧 바다 가운데에 앉아 있다 하도다 네 마음이 하나님의 마음 같은 체할지라도 너는 사람이요 신이 아니거늘…네 큰 지혜와 네 무역으로 재물을 더하고 그 재물로 말미암아 네 마음이 교만하였도다"(겔 28:2,5).

유대인 역사가 요세푸스(Josephus)는 여기 언급된 두로 왕이 이토바알이었다고 전하고 있습니다.주2) 두로는 지중해 동해안의 관문 역

주1) 우리 한글개역성경에 "두로 왕"으로 번역된 히브리어는 "지도자"를 뜻하는 "나기드"라는 말로 되어 있다. NIV는 "Ruler of Tyre"로 번역하고 있다.
주2) 잇토바알 2세(Ittobaal II, 585-573 B.C.), 강병도편, 호크마 종합주석, 대한민국, 서울: 기독지혜사 1994, p.355를 보라.

할을 하는 무역항으로서 부요를 누렸습니다. 그 재물로 인하여 두로 왕의 교만은 스스로 하나님의 자리에 앉아 "나는 신이라" 하고 선언하기에 이르렀습니다.

바벨론 왕 느브갓네살 2세와 두로 왕의 교만은 본래 교만의 원조인 사탄이 지은 죄와 동질적인 것이었습니다. 사도 바울은 디모데전서 3:6에서 마귀 곧 사탄이 정죄 받은 죄가 바로 교만이었다고 지적하고 있습니다. "새로 입교한 자도 말지니 교만하여져서 마귀를 정죄하는 그 정죄에 빠질까 함이요." 이것은 교회의 직분자를 세울 때 새로 입교한 사람을 세우면 마귀가 본래 그러하였듯이 교만하여질 우려가 있다는 말씀입니다. 마귀가 처음 지은 죄가 바로 교만이었습니다.

4 교만의 특징

교만의 특징은 우리의 본문 누가복음 18:9-12에 언급된 유대의 종교지도자들 중 하나였던 바리새인에게서도 찾아볼 수 있습니다. 이 본문에서 우리 주님은 교만한 바리새인과 겸손한 세리를 대조하여 우리에게 교만에 대한 교훈을 주고 계십니다. 여기에 바리새인의 교만의 특징이 잘 드러나고 있습니다.

① 자기를 의롭다고 믿는다.

"또 자기를 의롭다고 믿고"(9절상).

② 다른 사람을 멸시한다.

"다른 사람을 멸시하는 자들에게"(9절하).

③ 자기를 들어내어 스스로 높인다.

"서서 따로 기도하여…"(11절상).

④ 자기를 남들과 비교한다.

"하나님이여, 나는 다른 사람들…"(11절중).

⑤ 남들을 정죄한다.

"곧 토색, 불의, 간음을 하는 자들과…"(11절중).

⑥ 자기를 차별화한다.

"…같지 아니하고 이 세리와도 같지 아니함을…"(11절하).

⑦ 하나님의 은혜를 구하지 않는다.

"…감사하나이다"(11절하). 이것은 진정한 감사가 아니라 자기 의를 하나님께 내세우는 것입니다. 자기는 다 잘 하고 있으니 하나님의 도우심이 별로 필요 없다는 자세가 드러나고 있습니다.

⑧ 자기 자랑을 한다.

"나는 이레에 두 번씩 금식하고 또 소득의 십일조를 드리나이다"(12절).

여기에 일반적으로 관찰되는 교만의 특징 몇 가지를 더하면 다음과 같습니다.

① 희생을 잘 하지 않는다.

② 이기적이고 자기중심적이다.

③ 인사를 잘 안 한다.

④ 목과 표정이 굳어져 있다.

⑤ 대접받기를 좋아한다.

⑥ 상좌 택하기를 좋아한다.

⑦ 기대하는 것이 많다.

⑧ 가르치려 한다.

⑨ 배우려 하지 않는다.

⑩ 간섭하려 한다.

⑪ 잘못을 인정치 않고 사과하기를 힘들어한다.

⑫ 분노가 많다.

⑬ 인내심이 부족하다.

⑭ 팀워크를 잘 못한다.

⑮ "왕따"를 잘 당하고 외롭다.

5 교만한 자화상의 특징

그렇다면 교만한 자화상의 특징은 무엇일까요? 교만한 자화상은 "나는 너보다 더 나은데 대접을 제대로 못 받고 있다"는 열등의식[주]에 뿌리를 박고 있습니다. 그 특징 몇 가지 정리를 하면 다음과 같습니다.

① 자신을 과신하고 과대평가한다.

② 최고의 위치를 사모한다.

③ 자신의 영광을 추구한다.

④ 배타적이다.

⑤ 경쟁적이다.

⑥ 독선적이다.

⑦ 도전적이다.

주) 본서 제4장 열등의식과 자화상 참고

⑧ 비판적이다.
⑨ 부정적이다.
⑩ 파괴적이다.
⑪ 이기적이다.
⑫ 욕심이 많다.
⑬ 불만이 많다.
⑭ 자기중심적이다.
⑮ 자존감이 낮다.

6 교만으로 병든 자화상 고치기

이제 우리의 관심은 교만으로 병든 자화상을 고치고 다시 교만으로 병들지 않도록 철저히 예방하는 데 있습니다. 교만을 물리치려면 다음과 같이 해야 합니다.

① 교만의 결과는 패망임을 아십시오.

"교만은 패망의 선봉이요 거만한 마음은 넘어짐의 앞잡이니라"

(잠 16:18).

② 교만은 자신을 높이는 길이 아니라 낮추는 길임을 명심하십시오.

"무릇 자기를 높이는 자는 낮아지고"(눅 18:14중).

③ 교만을 통해서는 결코 인정받을 수 없음을 깨달으십시오.

"내가 너희에게 이르노니 이에 저 바리새인이 아니고 이 사람이 의롭다 하심을 받고 그의 집으로 내려갔느니라"(눅 18:14상).

④ 교만은 하나님을 원수로 만드는 것임을 인식하십시오.

"하나님은 교만한 자를 대적하시되"(벧전 5:5상).

⑤ 겸손이 진정한 만족과 행복의 길임을 믿고 추구하십시오.

"자기를 낮추는 자는 높아지리라"(눅 18:14절).

"겸손한 자들에게는 은혜를 주시느니라"(벧전 5:5하).

7 닫는 글

자신을 높이려다 인정받지 못하고 따돌림을 당하게 만들며, 하나님을 원수로 만들어 결국에는 패망에 이르게 하는 교만을 철저히 경계합시다. 교만으로 병든 자화상도 우리가 하나님 아버지의 사랑 안에서 성령을 의지하여 예수 그리스도의 겸손을 본받을 때 고칠 수 있습니다. 교만으로 병든 자화상을 온전히 주님께 맡기시는 여러분이 되시기를 바랍니다.

교만의 극치, 바벨론 왕과 두로 왕과 바리새인

교만의 원조, 사탄

철저하게 교만을 경계합시다!

개인복습과 그룹토의 및 적용을 위한 질문들

1. 교만이 무엇인지 설명해 보십시오.

2. 바벨론 왕 느브갓네살과 두로 왕의 교만을 요약해서 말씀해 보십시오.

3. 교만의 특징들을 열거해 보십시오.

4. 교만한 자화상의 특징들 가운데 당신에게 해당되는 것은 무엇입니까?

_____
_____

5. 교만으로 병든 자화상을 고치기 위한 제안 중에서 당신은 무엇을 받아들이겠습니까?

_____
_____

6. 지금까지 당신이 관찰한 혹은 경험한 교만의 사례들을 함께 나누어 보십시오.

_____
_____

7. 새롭게 깨달은 바를 당신의 삶에 어떻게 적용하겠습니까?

_____

15. 겸손과 자화상

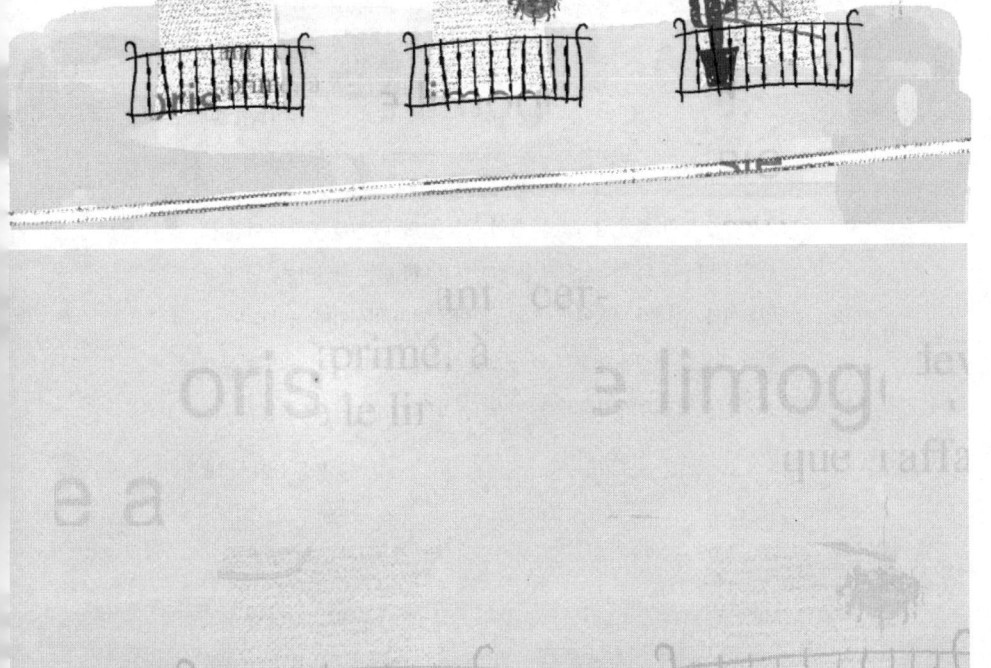

⁵·너희 안에 이 마음을 품으라 곧 그리스도 예수의 마음이니 ⁶·그는 근본 하나님의 본체시나 하나님과 동등됨을 취할 것으로 여기지 아니하시고 ⁷·오히려 자기를 비워 종의 형체를 가지사 사람들과 같이 되셨고 ⁸·사람의 모양으로 나타나사 자기를 낮추시고 죽기까지 복종하셨으니 곧 십자가에 죽으심이라 ⁹·이러므로 하나님이 그를 지극히 높여 모든 이름 위에 뛰어난 이름을 주사 ¹⁰·하늘에 있는 자들과 땅에 있는 자들과 땅 아래에 있는 자들로 모든 무릎을 예수의 이름에 꿇게 하시고 ¹¹·모든 입으로 예수 그리스도를 주라 시인하여 하나님 아버지께 영광을 돌리게 하셨느니라

○ 빌립보서 2:5~11

¹³·세리는 멀리 서서 감히 눈을 들어 하늘을 쳐다보지도 못하고 다만 가슴을 치며 이르되 하나님이여 불쌍히 여기소서 나는 죄인이로소이다 하였느니라 ¹⁴·내가 너희에게 이르노니 이에 저 바리새인이 아니고 이 사람이 의롭다 하심을 받고 그의 집으로 내려갔느니라 무릇 자기를 높이는 자는 낮아지고 자기를 낮추는 자는 높아지리라 하시니라

○ 누가복음 18:13~14

1 여는 글

제가 존경하는 한 아버지의 아들을 위한 기도 한 편을 소개합니다.

아들을 위한 기도

오 주님, 제 아들이 이런 사람이 되게 하소서.
약할 때 자신을 잘 분별할 수 있는 힘과
두려울 때 자신을 잃지 않을 용기를 가지고
정직한 패배에 부끄러워하지 않고 태연하며
승리에 겸손하고 온유할 수 있는 사람이 되게 하소서.

제 아들이 이런 사람이 되게 하소서.

노력 없이 대가를 바라지 않고

주님을 알고…

자신을 아는 것이 지식의 기초임을 깨닫게 하소서.

바라옵건대, 그를 요행과 안락의 길로 인도하지 마시고

고난과 역경에 항거할 줄 알게 하소서.

그리하여 폭풍 속에서도 일어설 줄 알며

패자를 긍휼히 여길 줄 알도록 가르쳐 주옵소서.

제 아들이 이런 사람이 되게 하소서.

마음이 깨끗하고

목표가 고상하며

남을 다스리기 전에

자신을 다스리게 하시며

미래를 지향하시는 동시에

과거를 잊지 않는 사람이 되게 하소서.

그리고 바라옵건대 이 모든 것을 허락하신 위에

유머를 알게 하시어

항상 진지하되

지나치게 심각해지지는 않게 하소서.

겸손한 마음을 갖게 하시어

참된 위대함은 소박하고

참된 지혜는 열려 있으며

참된 힘은 온유하다는 것을

항상 기억하게 하소서.

그러면 그의 아버지된 저는 감히

"헛된 인생을 살지 않았노라"고 속삭일 것입니다.

A Father's Prayer

Build me a son, O Lord,

Who will be strong enough to know when he is weak,

And brave enough to face himself when he is afraid;

One who will be proud and unbending in honest defeat,

And humble and gentle in victory.

Build me a son whose wishes will not take the place of deeds;

A son who will know Thee···

And that to know himself is the foundation stone of knowledge.

Lead him, I pray, not in the path of ease and comfort,

But under the stress and spur of difficulties and challenge.

Here let him learn to stand up in the storm;

Here let him learn compassion for those that fail.

Build me a son whose heart will be clear,

Whose goal will be high,

A son who will master himself,

Before he seeks to master other men;

One who will reach into the future,

Yet never forget the past.

And after all these things are his,

Add, I pray, enough of a sense of humor,

So that he may always be serious,

Yet never take himself too seriously.

Give him humility,

So that he may always remember,

The simplicity of true greatness,

The open mind of true wisdom,

And the meekness of true strength.

Then, I, his father, will dare to whisper,

"I have not lived in vain."[주)]

이것은 "노병은 죽지 않는다. 다만 사라질 뿐이다!"라는 명언을 남기고 주님 품에 간 인천 상륙작전의 명장 더글러스 맥아더(General

---

주) Paul Lee Tan, #1633 "An Old Soldier's Prayer" by General Douglas A MacArthur, in the *Encyclopedia of 7700 Illustrations: Signs of the Times*, seventh printing, Rockville, Maryland: Assurance Publishers, 1984, pp.432-433에서 직접 번역한 다음 시 형식으로 편집해서 인용했다. "아들을 위한 기도"라는 제목은 저자가 붙였다. 영문은 원하는 이들을 위해 첨부한다.

Douglas A. MacArthur, 1880-1964)의 기도입니다. 그의 이 기도에서 특히 "겸손한 마음을 갖게 하시어 참된 위대함은 소박하고, 참된 지혜는 열려 있으며, 참된 힘은 온유하다는 것을 항상 기억하게 하소서"라는 대목이 가슴속 깊이 잔잔한 여운을 남기고 있습니다. 그는 겸손이 무엇인지를 체험적으로 아는 믿음의 용장이었습니다.

2 겸손의 정의

겸손이 무엇입니까? 겸손의 정의를 어떻게 내릴 수 있을까요? 겸손은 "하나님과 이웃과의 관계에서 스스로 자기를 낮추는 마음과 몸의 자세"입니다. 단순하게 말하자면 겸손은 자신의 위치 파악을 잘하여 처신하는 것입니다. 하나님 앞에서 자신이 피조물이요 죄인임을 시인하는 자세입니다. 이웃들과의 관계에서 "남을 나보다 낫게 여기는"(빌 2:3) 자세를 의미합니다.

3 겸손의 본이 되시는 예수 그리스도와 세리

성경은 겸손의 사례를 잘 보여주고 있습니다.

"너희 안에 이 마음을 품으라 곧 그리스도 예수의 마음이니 그는 근본 하나님의 본체시나 하나님과 동등됨을 취할 것으로 여기지 아니하시고 오히려 자기를 비워 종의 형체를 가지사 사람들과 같이 되셨고 사람의 모양으로 나타나사 자기를 낮추시고 죽기까지 복종하셨으니 곧 십자가에 죽으심이라"(빌 2:5-8).

하나님의 본체이신 예수 그리스도께서는 자기를 낮추시되 사람의 모습으로 세상에 오셔서 자기 백성 곧 우리를 죄에서 구원하시기 위하여 십자가에 죽기까지 하나님 아버지의 뜻에 복종하셨습니다. 예수 그리스도의 생애와 십자가 죽으심과 무덤에까지 내려가신 것은 겸손의 극치를 보여주는 사건들이었습니다.

또한 누가복음 18:13에서 주님이 말씀하시는 세리도 겸손의 본보기적인 사례가 되고 있습니다. 그는 하나님 앞과 이웃들 앞에서 겸손이 무엇인가를 보여주었습니다.

"세리는 멀리 서서 감히 눈을 들어 하늘을 쳐다보지도 못하고 다만 가슴을 치며 이르되 하나님이여 불쌍히 여기소서 나는 죄인이로소이다 하였느니라"(눅 18:13).

4 겸손의 특징

이제 겸손의 특징을 살펴보겠습니다. 교만과는 달리 겸손은 복잡하지 않고 단순합니다. 본문 빌립보서 2:6-8이 보여주는 예수님의 겸손과 누가복음 18:13절이 보여주는 세리의 겸손의 특징을 함께 살펴보겠습니다. 먼저 예수님의 겸손은 다음과 같은 특징이 있습니다.

예수님의 겸손의 특징

① 자기 권리를 주장하지 않으셨다.
"그는 근본 하나님의 본체시나 하나님과 동등됨을 취할 것으로 여기지 아니 하시고"(6절).
② 자기를 지극히 낮추셨다.

"오히려 자기를 비워 종의 형체를 가지사 사람들과 같이 되셨고"(7절).

③ 하나님의 뜻에 절대 복종하셨다.

"사람의 모양으로 나타나사 자기를 낮추시고 죽기까지 복종하셨으니 곧 십자가에 죽으심이라"(8절).

예수님은 참 하나님이신 동시에 참 인간으로서 완전한 겸손의 극치를 이루셨습니다. 주님은 죄가 없으신 분이었습니다. 우리의 의를 위하여 율법을 완성하신 완전한 삶을 사신 분이었습니다. 우리 죄 값을 완전히 갚아주시기 위하여 십자가의 수욕과 고난을 당하신 분이었습니다. 우리의 영생을 위하여 십자가에 죽으시고 무덤에 내려가셨다가 사흘 만에 다시 살아나신 분이었습니다. 주님은 우리에게 완전한 겸손을 보여주셨습니다.

우리가 본받아야 할 겸손이 바로 주님의 겸손입니다. 자기 권리를 주장하지 않고, 자신을 지극히 낮추시고, 하나님의 뜻에 절대 복종하신 예수님의 겸손을 본받아 살아가기를 소원합니다.

이제 주님께서 교만한 바리새인과 대조되는 세리의 겸손에 대하여 말씀하시는 누가복음 18:13을 살펴보겠습니다. 세리의 겸손에서는 다음과 같은 특징이 나타나고 있습니다.

세리의 겸손의 특징

① 자기를 죄인이라고 고백했다.

"나는 죄인이로소이다"(13절하).

② 자신을 남들 앞에 지나치게 드러내지 않았다.

"멀리 서서…"(13절상).

③ 낮은 자세를 취했다.

"감히 눈을 들어 하늘을 쳐다보지도 못하고…"(13절중).

④ 회개하는 마음을 표현했다.

"다만 가슴을 치며…"(13절중).

⑤ 하나님을 찾았다.

"이르되 하나님이여"(13절중).

⑥ 하나님의 자비를 구했다.

"불쌍히 여기소서"(13절중).

여기서 주님이 말씀하신 세리는 죄인이었습니다. 동족에게 지탄을 받는 소외된 사람이었습니다. 그는 직업적으로 동족에게서 무거운 세금을 받아 일부는 로마 정부에 상납하고 일부는 자기의 것으로 떼어 치부한 사람이었습니다. 주님 당시 바리새인은 공공연히 자신을 의인으로 내세우고 세리를 죄인으로 취급하였습니다. 그러나 주님이 보시기에는 둘 다 죄인이었습니다. 바리새인은 교만한 죄인이고, 세리는 겸손한 죄인이었습니다. 교만한 죄인보다는 겸손한 죄인이 더 나았습니다.

우리는 이 본문에서 주님이 강조하고 계시는 세리의 겸손을 본받을 필요가 있습니다. 자기를 죄인이라고 고백하고, 자신을 남들 앞에 지나치게 드러내지 않고, 낮은 자세를 취하고, 회개하는 마음으로 하나님을 찾으며, 하나님의 자비를 구하는 우리 모두가 되기를 바랍니다.

5 겸손의 유익

겸손에는 유익한 결과가 따릅니다. 먼저 자신을 지극히 낮추신 결과 예수 그리스도께서 어떤 유익을 얻으셨는지 살펴보겠습니다.

"이러므로 하나님이 그를 지극히 높여 모든 이름 위에 뛰어난 이름을 주사 하늘에 있는 자들과 땅에 있는 자들과 땅 아래에 있는 자들로 모든 무릎을 예수의 이름에 꿇게 하시고 모든 입으로 예수 그리스도를 주라 시인하여 하나님 아버지께 영광을 돌리게 하셨느니라"(빌 2:9-11).

예수님이 얻으신 겸손의 유익은 네 가지로 정리가 됩니다. 이 본문을 함께 자세히 살펴보겠습니다.

예수님이 얻으신 겸손의 유익

① 모든 이름 위에 뛰어난 이름을 주심.

"이러므로 하나님이 그를 지극히 높여 모든 이름 위에 뛰어난 이름을 주사"(9절).

② 모든 무릎을 그의 이름에 꿇게 하심.

"하늘에 있는 자들과 땅에 있는 자들과 땅 아래에 있는 자들로 모든 무릎을 예수의 이름에 꿇게 하시고"(10절).

③ 모든 입으로 그를 주라 시인하게 하심.

"모든 입으로 예수 그리스도를 주라 시인하여"(11절 상).

④ 하나님 아버지께 영광을 돌리게 하심.

"하나님 아버지께 영광을 돌리게 하셨느니라"(11절하).

예수님처럼 겸손하여 주님의 은혜 안에서 아름다운 이름을 얻고 주님과 함께 왕 노릇하며 하나님 아버지께 영광을 돌리기를 소망합니다.

이제 교만한 바리새인과는 달리 자신을 낮추고 하나님의 은혜를 구했던 세리가 얻은 겸손의 유익이 무엇이었는지 누가복음 18:14을 살펴보겠습니다.

> "내가 너희에게 이르노니 이에 저 바리새인이 아니고 이 사람이 의롭다 하심을 받고 그의 집으로 내려갔느니라 무릇 자기를 높이는 자는 낮아지고 자기를 낮추는 자는 높아지리라 하시니라."

세리가 얻은 겸손의 유익은 두 가지로 정리가 됩니다.

① 바리새인보다 의롭다 하심을 받음.

"내가 너희에게 이르노니 이에 저 바리새인이 아니고 이 사람이 의롭다 하심을 받고 그의 집으로 내려갔느니라"(14절상).

② 겸손의 원리를 가르치는 본보기가 됨.

"무릇 자기를 높이는 자는 낮아지고 자기를 낮추는 자는 높아지리라 하시니라"(14절하).

세리처럼 겸손하여 주님께로부터 의롭다 하심을 받고, 주님께서 높여주시는 은혜를 받아 겸손의 원리를 체험으로 보여주는 본보기가 되기를 바랍니다. 이제 겸손의 배경 위에 그려진 건강한 자화상을 살펴보도록 하겠습니다.

6 겸손의 배경 위에 그려진 건강한 자화상

우리가 교만에 관하여 오해하지 말아야 할 것이 있습니다. 하나님이 주신 은사와 기회를 가지고 하나님의 뜻을 따라 그의 영광을 추구하며 이웃들의 유익과 행복을 위해서 건전하고 합당한 방법으로 선한 노력을 해서 자기 전문분야의 최고 권위자가 되고자 하는 태도와 시도는 건강한 자화상에서 나오는 것입니다. 이것은 교만이 아니라 하나님과 이웃들과의 관계에서 자기 위치파악을 바로한 사명의 길입니다.

또한 겸손에 관해서도 오해하지 말아야 할 것이 있습니다. 아베 드 상-시랑(Abbe de Saint-Cyran)이 그것을 잘 지적해 주고 있습니다. "우리 자신을 지나치게 낮추려는 것보다 더 큰 교만은 없다! 때로 하나님을 위해 위대한 일들을 시도하는 것보다 더 참된 겸손은 없다!"[주]
거듭 강조하거니와 "하나님 앞에서 내가 누구인가?"를 바로 인식하고 "이웃들과의 관계에서 내가 어떤 위치에 있는가?"를 제대로 파악하여 하나님을 위해서 겸손히 위대한 일들을 시도하십시오.

겸손의 배경 위에 그려진 건강한 자화상의 특징을 관찰해 보면 다음과 같습니다. 물론 이 목록은 많은 특징들 가운데 몇 가지만 열거한 것입니다.

겸손의 배경 위에 그려진 건강한 자화상의 특징 몇 가지

① 인사성이 밝다.
② 남들을 자기보다 낫게 여긴다.
③ 적극적으로 배우려 한다.
④ 파괴적인 비판을 피한다.
⑤ 자기주장을 고집하지 않는다.
⑥ 상처를 쉽게 받지 않는다.
⑦ 희생할 줄 안다.

주) 이재은 편저, 기독교 문장 대백과 사전 제3권, 대한민국 서울: 성서연구사, 1995, p.120에서 인용.

⑧ 미래지향적이다.

⑨ 태도가 긍정적이다.

⑩ 인내력이 있다.

⑪ 융통성이 있다.

⑫ 포용력이 있다.

⑬ 의사소통이 원만하다.

⑭ 팀워크를 잘 한다.

⑮ 자존감이 건강하다.

목회자와 평신도지도자들, 성도들, 직장의 동료와 선후배들, 부모와 형제자매들, 배우자와 자녀들, 친구들이 겸손의 배경 위에 그려진 건강한 자화상을 갖고 있다면 함께 교제하며 일하며 살아가는 기쁨과 평안과 행복이 넘쳐날 것입니다.

7 닫는 글

어거스틴(St. Augustine, 354-430)은 "천사를 마귀로 만든 것이 교만이며 인간을 천사로 만드는 것은 겸손이다"라고 말했습니다.^{주)} 우리 주님 예수 그리스도의 겸손을 본 받읍시다. 세리의 겸손을 통해서 주님이 주시는 교훈을 받읍시다. 성령을 의지하여 겸손의 사람으로 교회를 섬기고, 가정을 세우며, 사회를 건강하게 변화시킵시다.

겸손의 극치, 예수 그리스도
겸손의 본보기, 세리
겸손의 배경 위에 건강한 자화상을 그리겠습니다!

주) Ibid.

개인복습과 그룹토의 및 적용을 위한 질문들

1. 겸손이 무엇인지 정의해 보십시오.

2. 예수 그리스도와 세리의 겸손의 특징을 요약해서 말해 보십시오.

3. 예수님과 세리가 얻은 겸손의 유익들을 열거해 보십시오.

4. 겸손의 배경 위에 그려진 건강한 자화상의 특징을 열거해 보십시오.

_____
_____

5. 겸손의 배경 위에 그려진 건강한 자화상의 특징 중에 당신에게 해당되는 것은 무엇입니까?

_____
_____

6. 지금까지 관찰한 혹은 경험한 겸손의 사례들을 함께 나누어 보십시오.

_____
_____

7. 새롭게 깨달은 바를 당신의 삶에 어떻게 적용하겠습니까?

_____
_____

16. 건강한 자화상 회복과 유지

¹⁵·그들이 조반 먹은 후에 예수께서 시몬 베드로에게 이르시되 요한의 아들 시몬아 네가 이 사람들보다 나를 더 사랑하느냐 하시니 이르되 주님 그러하나이다 내가 주님을 사랑하는 줄 주님께서 아시나이다 이르시되 내 어린 양을 먹이라 하시고 ¹⁶·또 두 번째 이르시되 요한의 아들 시몬아 네가 나를 사랑하느냐 하시니 이르되 주님 그러하나이다 내가 주님을 사랑하는 줄 주님께서 아시나이다 이르시되 내 양을 치라 하시고 ¹⁷·세 번째 이르시되 요한의 아들 시몬아 네가 나를 사랑하느냐 하시니 주께서 세 번째 네가 나를 사랑하느냐 하시므로 베드로가 근심하여 이르되 주님 모든 것을 아시오매 내가 주님을 사랑하는 줄을 주님께서 아시나이다 예수께서 이르시되 내 양을 먹이라 ¹⁸·내가 진실로 진실로 네게 이르노니 네가 젊어서는 스스로 띠 띠고 원하는 곳으로 다녔거니와 늙어서는 네 팔을 벌리리니 남이 네게 띠 띠우고 원하지 아니하는 곳으로 데려가리라 ¹⁹·이 말씀을 하심은 베드로가 어떠한 죽음으로 하나님께 영광을 돌릴 것을 가리키심이러라 이 말씀을 하시고 베드로에게 이르시되 나를 따르라 하시니 ²⁰·베드로가 돌이켜 예수께서 사랑하시는 그 제자가 따르는 것을 보니 그는 만찬석에서 예수의 품에 의지하여 주님 주님을 파는 자가 누구오니이까 묻던 자더라 ²¹·이에 베드로가 그를 보고 예수께 여짜오되 주님 이 사람은 어떻게 되겠사옵나이까 ²²·예수께서 이르시되 내가 올 때까지 그를 머물게 하고자 할지라도 네게 무슨 상관이냐 너는 나를 따르라 하시더라 ²³·이 말씀이 형제들에게 나가서 그 제자는 죽지 아니하겠다 하였으나 예수의 말씀은 그가 죽지 않겠다 하신 것이 아니라 내가 올 때까지 그를 머물게 하고자 할지라도 네게 무슨 상관이냐 하신 것이러라

○ 요한복음 21:15~23

1 여는 글

영문학계에 잘 알려져 있는 엘리자베스 배럿 브라우닝(Elizabeth Barrett Browning)은 부모의 반대를 무릅쓰고 로버트 브라우닝(Robert Browning)과 결혼했습니다. 거의 매주 엘리자베스는 친정 부모님에게 관계회복을 요청하는 사랑의 편지를 써 보냈습니다. 부모님들은 한 번도 답장을 하지 않았습니다. 편지를 쓰기 시작하고 나서 십 년의 세월이 흐른 뒤에 우편으로 커다란 상자 하나를 받았습니다. 당황스럽고 가슴 아프게도 그 상자 안에는 자기가 부모님에게 그 동안 써 보냈던 편지들이 하나도 빠짐없이 다 들어 있었습니다. 그 중에 하나도 뜯어본 흔적이 없었습니다! 오늘날 그 편지들은 영문학의 역사에 길이 남을 주옥 같은 고전으로 남아 있습니다. 그녀의 부모

님들이 단지 몇 통만 뜯어 읽어보았더라면 관계회복이 이루어졌을 것입니다.^주)

이 장에서는 하나님께서 관계회복을 위하여 우리에게 써 보내신 편지의 한 대목을 살펴보고자 합니다. 요한복음 21:15-23입니다. 여기에 우리 주 예수님께서 그의 제자 베드로와의 관계를 회복시키시는 아름다운 사랑의 장면이 소개되어 있습니다. 관계가 무너지는 곳에 자화상은 병이 들고 관계가 회복되는 곳에 자화상도 회복됩니다. 또한 병든 자화상은 관계를 무너뜨리고 회복된 자화상은 관계를 회복시킵니다. 건강한 자화상이 회복되고 유지될 때 하나님과 우리의 관계, 그리고 우리와 이웃의 관계가 건강하고 행복해집니다. 자화상과 대인관계는 이처럼 밀접한 관계를 갖고 있습니다.

2 건강한 자화상 회복과 유지

우리는 이제까지 하나님의 형상과 자화상 및 건강한 자화상을 살피고 나서 우월의식, 열등의식, 비교의식, 체면의식, 정죄의식, 시

주) Michael P. Green, editor. #1114 "Reconciliation" in *Illustrations for Biblical Preaching*, seventh printing. Grand Rapids, Michigan: Baker Book House, 1993, p.297에서 번역 인용.

기심, 질투심, 비판의식, 명예의식, 호언장담, 패배의식, 교만, 겸손 등에 연결된 자화상을 살펴 병든 부분을 치유하고 예방하며 건강한 자화상을 회복하고 유지하는 데 필요한 말씀을 나누었습니다. 이 장에서는 본문의 말씀을 통해 총정리 하기를 원합니다.

우리에게 진정 필요한 은혜는 건강한 자화상을 회복하고 계속 유지해 나아가는 것입니다. 본문을 자세히 살펴보면 주님께서 베드로의 자화상을 회복시키시고 건강한 자화상을 계속 유지하는 데 필요한 말씀을 하셨습니다.

먼저 베드로의 자화상을 정밀하게 점검해 보겠습니다. 복음서에 기록된 대화 내용을 정리해 보면 그의 자화상의 특징을 확인할 수 있습니다. 먼저 그의 건강한 자화상을 보여주는 내용을 살펴보겠습니다.

1) 건강한 자화상
① 나는 주님께 순종하는 제자이다.

"갈릴리 해변으로 지나가시다가 시몬과 그 형제 안드레가 바다에 그물 던지는 것을 보시니 그들은 어부라 예수께서 이르시되 나를 따라오라 내가 너희로 사람을 낚는 어부가 되게 하리라 하시니 곧 그물을 버려 두고 따르니라"(막 1:16-18).

그물을 버려두고 주님을 좇아간 베드로는 그의 마음속에 "주님께 순종하는 제자"라는 건강한 자화상이 그려져 있었습니다.
② 나는 주님의 이적을 믿는 제자이다.

"베드로가 대답하여 이르되 주여 만일 주님이시거든 나를 명하사 물 위로 오라 하소서 하니 오라 하시니 베드로가 배에서 내려 물 위로 걸어서 예수께로 가되"(마 14:28-29).

이 시점에서 우리는 베드로의 마음속에 있는 "나는 주님의 이적을 믿는 제자"라는 건강한 자화상을 확인할 수 있습니다.
③ 나는 주님을 바로 믿는 제자이다.

"시몬 베드로가 대답하여 이르되 주는 그리스도시요 살아 계신 하나님의 아들이시니이다 예수께서 대답하여 이르시되 바요나 시몬아 네가 복이 있도다 이를 네게 알게 한 이는 혈육이 아니요 하늘에 계신 내 아버지시니라" (마 16:16-17).

주님의 말씀을 들은 베드로의 마음속에는 "주님을 바로 믿는 바요나 시몬"이라는 건강한 자화상이 확연했습니다.

④ 나는 주님의 특별한 사명을 받은 제자이다.

"또 내가 네게 이르노니 너는 베드로라 내가 이 반석 위에 내 교회를 세우리니 음부의 권세가 이기지 못하리라 내가 천국 열쇠를 네게 주리니 네가 땅에서 무엇이든지 매면 하늘에서도 매일 것이요 네가 땅에서 무엇이든지 풀면 하늘에서도 풀리리라 하시고" (마 16:18-19).

주님의 이 말씀을 듣고 베드로는 "주님의 특별한 사명을 받은 나"라는 건강한 자화상이 강화되었습니다.

⑤ 나는 주님 위해 죽을 충성된 제자이다.

"베드로가 대답하여 이르되 모두 주를 버릴지라도 나는 결코 버리지 않겠나이다 예수께서 이르시되 내가 진실로 네게 이르노니 오늘 밤 닭 울기 전에 네가 세 번 나를 부인하리라 베드로가 이르되 내가 주와 함께 죽을지언정 주를 부인하지 않겠나이다 하고 모든 제자도 그와 같이 말하니라"(마 26:33-35).

이 결심을 한 베드로의 마음속에는 "주님을 위해 죽을 각오가 되어 있는 충성된 제자"라는 건강한 자화상이 그려져 있었습니다.

베드로의 이러한 자화상은 건강한 것입니다. 이처럼 이상적인 자기 모습을 마음속에 그려 두고 그 비전을 추구해 나아가는 것은 바람직한 것입니다. 다만 베드로와 우리가 다 함께 명심할 일은 우리가 아직은 공사 중인 제자들이라는 사실입니다.

이제 베드로의 자화상에 멍이 들고 금이 가고 상처가 나서 위축된 부분들을 살펴보도록 하겠습니다.

2) 위축된 자화상
① 나는 믿음이 적은 제자이다.

"바람을 보고 무서워 빠져 가는지라 소리 질러 이르되 주여 나를 구원하소서 하니 예수께서 즉시 손을 내밀어 그를 붙잡으시며 이르시되 믿음이 작은 자여 왜 의심하였느냐 하시고 배에 함께 오르매 바람이 그치는지라"(마14:30-32).

의심에 사로잡혀 실패한 베드로의 자화상은 "믿음이 적은 제자"의 모습으로 위축되었습니다.

② 나는 주님의 심한 책망을 받은 제자이다.

"이 때로부터 예수 그리스도께서 자기가 예루살렘에 올라가 장로들과 대제사장들과 서기관들에게 많은 고난을 받고 죽임을 당하고 제삼일에 살아나야 할 것을 제자들에게 비로소 나타내시니 베드로가 예수를 붙들고 항변하여 이르되 주여 그리 마옵소서 이 일이 결코 주께 미치지 아니하리이다 예수께서 돌이키시며 베드로에게 이르시되 사탄아 내 뒤로 물러 가라 너는 나를 넘어지게 하는 자로다 네가 하나님의 일을 생각하지 아니하고 도리어 사람의 일을 생각하는도다 하시고"(마16:21-23).

주님께로부터 "사탄"이라는 지적을 받은 베드로의 자화상은 "주님의 심한 책망을 받은 제자"의 모습으로 위축되었습니다.

③ 나는 알지도 못하면서 큰 소리만 친 제자이다.

"베드로가 대답하여 이르되 모두 주를 버릴지라도 나는 결코 버리지 않겠나이다 예수께서 이르시되 내가 진실로 네게 이르노니 오늘 밤 닭 울기 전에 네가 세 번 나를 부인하리라 베드로가 이르되 내가 주와 함께 죽을지언정 주를 부인하지 않겠나이다 하고 모든 제자도 그와 같이 말하니라"(마 26:33-35).

주님의 이 예언을 들을 때는 깨닫지 못하다가 후에 실제로 주님을 부인하고 난 베드로의 자화상은 "알지도 못하면서 큰 소리만 친 제자"의 모습으로 위축되었습니다.

④ 나는 주님의 고민을 외면한 제자이다.

"베드로와 세베대의 두 아들을 데리고 가실새 고민하고 슬퍼하사 이에 말씀하시되 내 마음이 매우 고민하여 죽게 되었으니 너희는 여기 머물러 나와 함께 깨어 있으라 하시고 조금 나아가사 얼굴을 땅에 대시고 엎드려 기도하여 이르시되 내 아버지여 만일 할 만하시거든 이 잔을 내게서 지나가게 하옵소서 그러나 나의 원대로 마시옵고 아버지의 원대로 하옵소서 하시고 제자들에게 오사 그 자는 것을 보시고 베드로에게 말씀하시되 너희가 나와 함께 한 시간도 이렇게 깨어 있을 수 없더냐"(마 26:37-40).

기도의 기회를 놓치고 난 베드로의 자화상은 "주님의 고민을 외면한 제자"의 모습으로 위축되었습니다.

⑤ 나는 연약한 제자이다.

"시험에 들지 않게 깨어 기도하라 마음에는 원이로되 육신이 약하도다 하시고 다시 두 번째 나아가 기도하여 이르시되 내 아버지여 만일 내가 마시지 않고는 이 잔이 내게서 지나갈 수 없거든 아버지의 원대로 되기를 원하나이다 하시고 다시 오사 보신즉 그들이 자니 이는 그들의 눈이 피곤함일러라"(마 26:41-43).

거듭 기도의 기회를 놓치고 주님의 지적을 받고 난 베드로의 자화상은 "연약한 제자"의 모습으로 위축되었습니다.

⑥ 나는 주님을 돕기보다 방해한 제자이다.

"이에 시몬 베드로가 칼을 가졌는데 그것을 빼어 대제사장의 종을 쳐서 오른편 귀를 베어버리니 그 종의 이름은 말고라 예수께서 베드로더러 이르시되 칼을 칼집에 꽂으라 아버지께서 주신 잔을 내가 마시지 아니하겠느냐 하시니라"(요 18:10-11).

주님의 교정을 받고 난 베드로의 자화상은 "주님을 돕기보다 방해한 제자"의 모습으로 위축되었습니다.

⑦ 나는 주님을 모른다고 부인한 제자이다.

"예수를 잡아 끌고 대제사장의 집으로 들어갈새 베드로가 멀찍이 따라가니라 사람들이 뜰 가운데 불을 피우고 함께 앉았는지라 베드로도 그 가운데 앉았더니 한 여종이 베드로의 불빛을 향하여 앉은 것을 보고 주목하여 이르되 이 사람도 그와 함께 있었느니라 하니 베드로가 부인하여 이르되 이 여자여 내가 그를 알지 못하노라 하더라 조금 후에 다른 사람이 보고 이르되 너도 그 도당이라 하거늘 베드로가 이르되 이 사람아 나는 아니로라 하더라 한 시간쯤 있다가 또 한 사람이 장담하여 이르되 이는 갈릴리 사람이니 참으로 그와 함께 있었느니라 베드로가 이르되 이 사람아 나는 네가 하는 말을 알지 못하노라고 아직 말하고 있을 때에 닭이 곧 울더라 주께서 돌이켜 베드로를 보시니 베드로가 주의 말씀 곧 오늘 닭 울기 전에 네가 세 번 나를 부인하리라 하심이 생각나서 밖에 나가서 심히 통곡하니라"(눅 22:54-62).

이처럼 처절한 실패를 하고 난 베드로의 자화상은 "주님을 모른다고 부인한 제자"의 모습으로까지 무참하게 위축되었습니다.

건강한 자화상을 갖고 있음에도 불구하고 아직 연약하고, 무지하고, 준비하지 못하고, 기도하지 못해서 실패를 하게 되면 그 자화상이 상처를 받고 위축되어 병들기까지 할 수 있습니다. 예수님의 열두 제자 중에 가룟 유다가 그러하였습니다. 그는 자기 선생님이신 예수님을 배신하여 은 30을 받고 대제사장들에게 넘겨주는 결정적인 실패를 하였습니다. 이 실패 때문에 파멸의 길을 걸어간 가룟 유다는 자화상을 회복하지 못하고 만 제자였습니다. 이제 회복되지 못하는 자화상의 특징을 몇 가지 살펴보도록 하겠습니다.

3) 회복되지 못하는 자화상
① 물질의 탐욕에서 벗어나지 못한다.

"제자 중 하나로서 예수를 잡아 줄 가룟 유다가 말하되 이 향유를 어찌하여 삼백 데나리온에 팔아 가난한 자들에게 주지 아니하였느냐 하니 이렇게 말함은 가난한 자들을 생각함이 아니요 그는 도둑이라 돈궤를 맡고 거기 넣는 것을 훔쳐 감이러라"(요 12:4-6).

가룟 유다의 자화상은 물질의 탐욕 위에 그려져 있었습니다.
② 회개의 기회를 잃어버린다.

"예수께서 이 말씀을 하시고 심령이 괴로워 증언하여 이르시되 내가 진실로 진실로 너희에게 이르노니 너희 중 하나가 나를 팔리라 하시니 제자들이 서로 보며 누구에게 대하여 말씀하시는지 의심하더라 예수의 제자 중 하나 곧 그가 사랑하시는 자가 예수의 품에 의지하여 누웠는지라 시몬 베드로가 머릿짓을 하여 말하되 말씀하신 자가 누구인지 말하라 하니 그가 예수의 가슴에 그대로 의지하여 말하되 주여 누구니이까 예수께서 대답하시되 내가 떡 한 조각을 적셔다 주는 자가 그니라 하시고 곧 한 조각을 적셔서 가룟 시몬의 아들 유다에게 주시니"(요 13:21-26).

가룟 유다의 자화상은 회개의 기회를 주시는 주님의 말씀을 들을 귀가 막히고 주님의 구체적인 제스처를 볼 눈이 감긴 모습을 하고 있었습니다.
③ 사탄에게 이끌려간다.

"조각을 받은 후 곧 사탄이 그 속에 들어간지라 이에 예수께서 유다에게 이르시되 네가 하는 일을 속히 하라 하시니…유다가 그 조각을 받고 곧 나가니 밤이러라"(요 13:27,30).

가롯 유다의 자화상 속에는 그를 어둠의 길로 이끌어가는 사탄의 모습이 들어 있었습니다.

④ 자기 소신을 고집한다.

"그 때에 열둘 중의 하나인 가롯 유다라 하는 자가 대제사장들에게 가서 말하되 내가 예수를 너희에게 넘겨 주리니 얼마나 주려느냐 하니 그들이 은 삼십을 달아 주거늘 그가 그 때부터 예수를 넘겨 줄 기회를 찾더라"(마 26:14-16).

가롯 유다의 자화상은 자기 소신을 고집하는 얼굴 모습을 하고 있었습니다.

⑤ 잘못을 파멸적인 방법으로 해결한다.

"그 때에 예수를 판 유다가 그의 정죄됨을 보고 스스로 뉘우쳐 그 은 삼십을 대제사장들과 장로들에게 도로 갖다 주며 이르되 내가 무죄한 피를 팔고 죄를 범하였도다 하니 그들이 이르되 그것이 우리에게 무슨 상관이냐 네가 당하라 하거늘 유다가 은을 성소에 던져 넣고 물러가서 스스로 목매어 죽은지라"(마 27:3-5).

가룟 유다의 자화상은 자신의 잘못을 파멸적인 방법으로 밖에는 달리 해결할 수 없는 못난 모습을 하고 있었습니다.

그러나 베드로는 가룟 유다와 달랐습니다. 선생님을 배신한 가룟 유다나 선생님을 모른다고 부인한 베드로나 비슷한 죄를 졌지만 가룟 유다는 "제 길로"가서 망하였고, 베드로는 주님의 길로 가서 다시 회복하였습니다. 주님과의 관계 회복은 곧 베드로의 자화상 회복을 의미합니다. 이제 회복되고 유지되는 건강한 자화상의 특징을 살펴보겠습니다.

4) 회복되고 유지되는 건강한 자화상의 특징
① 주님을 사랑한다(요 12:4-6).

요한복음 21:15-17에서 주님은 베드로에게 "요한의 아들 시몬아 네가 이 사람들보다 나를 더 사랑하느냐"고 물으셨습니다. 베드로는 "주님 그러하나이다 내가 주님을 사랑하는 줄 주님께서 아시나이다"라고 대답하였습니다. 실패로 위축된 베드로의 자화상 속에는 여전히 주님을 사랑하는 모습이 들어 있었습니다. 우리의 상처 입은 자화상, 병든 자화상은 나를 향한 주님의 사랑을 확인할 때, 주님을 향한 나의 사랑을 고백할 때 회복될 수 있습니다. 실패한 나, 못난 나를 있는 모습 그대로 받아주시고 품어주시며 안아주시고 위로하여 주시는 주님의 사랑의 품에 안길 때 우리의 자화상은 건강하게 회복될 수 있습니다.

② 회개의 기회를 붙잡는다 (요 13:21-26).

누가복음 22:61을 보면 베드로가 예수님을 세 번 모른다고 부인한 직후 닭이 곧 우는 순간 예수님은 재판을 받으시는 그 자리에서 고개를 뒤로 돌이켜 베드로를 쳐다보셨습니다. 예수님과 시선을 마주친 베드로는 "오늘 닭 울기 전에 네가 세 번 나를 부인하리라"하시던 말씀이 생각났습니다. 주님께서는 십자가를 눈앞에 두고 재판을 받으시는 자리에서까지 베드로에게 관심을 갖고 계셨습니다. 베드로가 회개할 기회를 만들어 주셨습니다. 그리고 베드로는 그 회개의 기회를 붙잡았습니다. 베드로의 위축된 자화상 속에는 회개의 기회를 붙잡을 수 있는 용기가 포함되어 있었습니다. 주님께서 여러 모양으로 주시는 회개의 기회를 붙잡을 때 우리의 병든 자화상은 고쳐집니다.

죄책감으로 위축된 자화상은 주님이 주시는 기회를 따라 회개할 때 활짝 펴집니다. 우리의 죄를 예수님의 십자가 앞에 내려놓고 고백할 때 우리는 비로소 참 자유를 얻습니다. 시편 32:3-6의 말씀은 우리를 이렇게 격려하고 있습니다.

"내가 입을 열지 아니할 때에 종일 신음하므로 내 뼈가 쇠하였도다 주의 손이 주야로 나를 누르시오니 내 진액이 빠져서 여름 가뭄에 마름 같이 되었나이다(셀라) 내가 이르기를 내 허물을 여호와께 자복하리라 하고 주께 내 죄를 아뢰고 내 죄악을 숨기지 아니하였더니 곧 주께서 내 죄악을 사하셨나이다(셀라) 이로 말미암아 모든 경건한 자는 주를 만날 기회를 얻어서 주께 기도할지라 진실로 홍수가 범람할지라도 그에게 미치지 못하리이다."

③ 사탄을 물리친다(눅 22:31-32).

주님께서는 누가복음 22:31에서 베드로에게 사탄의 시험을 경계하셨습니다. "시몬아, 시몬아, 보라 사탄이 너희를 밀 까부르듯 하려고 요구하였으나." 그리고 이어 32절에서 베드로의 앞날을 예언

하셨습니다. "그러나 내가 너를 위하여 네 믿음이 떨어지지 않기를 기도하였노니 너는 돌이킨 후에 네 형제를 굳게 하라." 주님은 베드로가 실패할 것과 회개할 것과 사명을 다시 수행하게 될 것을 미리 말씀하셨습니다. 베드로는 비록 한 때 사탄의 시험에 빠져서 주님을 모른다고 부인했지만 주님께 돌아왔습니다. 실패로 위축된 베드로의 자화상 속에는 사탄을 물리치도록 말씀과 기도로 격려해 주시는 주님의 모습이 들어 있었습니다. 가룟 유다처럼 사탄에게 끌려가면 파멸에 이릅니다. 그러나 베드로처럼 사탄을 물리치고 주님께 돌아오면 생명에 이릅니다.

④ 주님의 뜻을 따른다 (요 21:15-20).

요한복음 21:15-17에서 사랑의 관계를 확인하신 예수님은 베드로를 신뢰하시는 증거로 제자로서의 신분과 사명을 회복시켜 주셨습니다. 주님의 뜻을 따를 때 사랑의 관계, 신뢰의 관계, 그리고 사명의 관계가 온전히 회복됩니다. "내 어린양을 먹이라. 내 양을 치라. 내 양을 먹이라." 18절에서는 "내가 진실로 진실로 네게 이르노니 네가 젊어서는 스스로 띠 띠고 원하는 곳으로 다녔거니와 늙어서는 네 팔을 벌리리니 남이 네게 띠 띠우고 원하지 아니하는 곳으로 데려가리라"고 말씀하셨습니다. 이것은 베드로가 주님을 위하여 장차 십자가의 고난을 당하게 될 것을 말씀하신 것이었습니다. 19절을 보겠습니다. "이 말씀을 하심은 베드로가 어떠한 죽음으로 하나님께 영광을 돌릴 것을 가리키심이러라." 그리고 나서 주님은 베드로에게 "나를 따르라"고 하셨습니다. 베드로가 과연 주님을 따랐을까요? 그는 오순절 날 강림하신 성령 충만을 받고 나서 주님을 위하여 순교를 당하는 순간까지 주님의 뜻을 기쁘게 따랐습니다. 무지와 연약함과 사탄의 시험으로 인하여 실패하고 그로 인해 위축된 베드로의 자화상 속에는 여전히 주님의 뜻을 따르고자 하는 본심이 자리잡고 있었습니다.

⑤ 잘못을 생산적인 방법으로 해결한다(요 21:20-23).

물론 베드로가 하루아침에 자화상을 회복하고 완전하게 된 것은 아니었습니다. 내내 주님의 말씀을 듣고 새로운 각오로 새 출발을 했지만 첫 발을 내디디면서 다시 문제에 부딪힌 사람이 베드로였습니다.

"베드로가 돌이켜 예수께서 사랑하시는 그 제자가 따르는 것을 보니 그는 만찬석에서 예수의 품에 의지하여 주님 주님을 파는 자가 누구오니이까 묻던 자더라 이에 베드로가 그를 보고 예수께 여짜오되 주님 이 사람은 어떻게 되겠사옵나이까"(요.21:20-21).

베드로의 비교의식이 발동한 것이었습니다.
그러나 주님은 실망하시는 대신에 베드로를 자상하게 고쳐주고 계십니다.

"예수께서 이르시되 내가 올 때까지 그를 머물게 하고자 할지라도 네게 무슨 상관이냐 너는 나를 따르라 하시더라"(22절).

베드로는 아직 해결되지 않은 문제나 궁금한 일이 있으면 주님께 물었습니다. 실패를 거듭하여 위축된 베드로의 자화상 속에는 주님의 인도하심을 따라 잘못을 생산적인 방법으로 해결할 수 있다는 믿음과 소망과 사랑이 포함되어 있었습니다.

가룟 유다는 사탄의 생각을 따르고 자기 소신대로 고집을 부리다가 사망의 길로 갔습니다. 한편, 베드로는 잘못을 저지르고 실수를 범해도 주님의 말씀을 듣고 주님의 뜻을 따라 생명의 길을 갔습니다. 가룟 유다처럼 주님을 떠나가면 문제가 됩니다. 그러나 베드로처럼 주님 곁에 돌아와 있으면 문제가 해결됩니다. 주님을 붙잡고 주님의 말씀을 듣고 그를 따르면 됩니다. 이런 면에서 베드로는 그의 실수와 잘못을 생산적인 방법으로 해결했습니다. 주님의 뜻 안에서 생산적인 방법으로 잘못을 해결하고자 할 때 자화상은 건강하게 회복되고 유지될 수 있습니다. "너는 나를 따르라!"

3 닫는 글

주님을 가까이 따르십시오. 주님과 사랑의 관계를 회복하고 유지하십시오. 주님과 신뢰의 관계를 회복하고 유지하십시오. 주님과 사명의 관계를 회복하고 유지하십시오. 그리하여 건강한 자화상을 회복하고 유지하여 그리스도 예수의 모습을 닮은 영광스런 제자가 되십시오.

건강한 자화상은 주님과의 사랑관계 유지

건강한 자화상은 주님과의 신뢰관계 유지

건강한 자화상은 주님과의 사명관계 유지

개인복습과 그룹토의 및 적용을 위한 질문들

1. 베드로의 건강한 자화상 중 당신에게 해당되는 것은 무엇입니까?

2. 베드로의 위축된 자화상 중 당신에게 해당되는 것은 무엇입니까?

3. 회복되지 못하는 자화상의 특징 중 당신에게 해당되는 것은 무엇입니까?

4. 회복되고 유지되는 건강한 자화상의 특징 중 당신에게 해당되는 것은 무엇입니까?

_____
_____

5. 새롭게 깨달은 바를 당신의 삶에 어떻게 적용하겠습니까?

_____
_____

6. 지금까지 16장에 걸친 자화상의 진단과 처방을 통해서 당신이 얻은 유익은 무엇입니까?

_____
_____

7. 당신이 얻은 유익을 다른 사람들과 함께 나눌 구체적인 결심을 말해 보십시오.

_____
_____

참고도서

- Benner David G., editor. *Baker Encylopedia of Psychology*. Grand Rapids, Michigan: Baker Book House, 1985.

- Green, Michael P., editor. *Illustrations for Biblical Preaching*, seventh printing. Grand Rapids, Michigan: Baker Book House, 1993.

- Hendricksen, William. *New Testament Commentary*. Grand Rapids, Michigan: Baker Book House, 1975.

- 강병도 편저. 호크마 종합주석. 대한민국 서울: 기독지혜사, 1991.

- 이재은 편저. 기독교 문장대백과사전. 대한민국 서울: 성서연구사 1995.

- Narramore S. Bruce, "Guilt: Its Universal Hidden Presence," in *Journal of Psychology and Theology*, Vol.2, 1974, pp.104-115.

- Piers, G. and Singer, M. B.. *Shame and Guilt*. Springfield, Illinois: Charles C. Thomas Publisher, 1953.

- Tan, Paul Lee. *Encyclopedia of 7700 Illustrations : Signs of the Times*, seventh printing. Rockville, Maryland: Assurance Publishers, 1984.

- Tenney, Merrill C., general editor. The Zondervan Pictorial Bible Dictionary. Grand Rapids, Michigan: Zondervan Publishing House, 1978, pp.576-578.